산문
김성호=송골

여름이

지
    나
면

찬 가을

가
    깝
고

성미출판사

**김성호=송골
산문**

여름이

지
  나
면

찬 가을

가
  깝
고

김성호=송골
시인-소설가
성미출판사 대표

글쓰기는 운이 아니다. 숙려기간을 거쳐야 한다.

목차
작가의 말

제1부
인공지능의 경계	09
문화적 코드 인문	18
나만의 기본 정신	21
나로써 거듭날 수 있을까?	24
인간의 존엄은 어디까지 일까?	27
무상	31
요지경 세상	38
살해의 빌미가 된 돈	42
인생은 어차피 나의 몫이다.	48
무명의 서러움	54
문단에서 모르는 작가	59
작가의 이면	63
자구적 눈을 떠보려는 시도	66
누군가가 그립다	71
한 줄의 시	74
여류소설가	77
작가다운 작가	82
상상 속의 인물	89

쉬면서 지나가는 짧은 글

어떻게 알려줘야 할지?	92
소년과 잉어	96
소년과 포도	97
소녀의 감동	100
여유	102

제2부

여름이 지나면 찬 기운 가을 가깝고	104
왜 사랑으로 보듬어줘야 할까?	108
생명은 개체이다.	111
모자의 손 놀이	115
산책길에서 본 판자촌	116
소소한 작은 것들	120
지행동물	124
눈매 검은 여자	126
여자의 숙명	130
3차 접종을 마친 날	133
73세 할머니	136
황토원고를 받고	140
백수노인	148
교장부인	153
노시인	161

제3부

고마운 이웃	171
25여 전의 그녀	176
무시에 가슴이 찢긴 여인	183
여류시인	187
6·25를 상기하며	190
석연찮은 고민	198
견(犬)들의 열렬한 환대	201
검지 잘린 장애인	205
인간 이하의 당신에게 고함	209
대지가 나를 받아준다면	212
과거 친구	216
후기	

작가의 말

　　　　　　　이 땅의 주류는 단연 인간이다. 그 인간들이 온갖 종류의 적대적 감정들을 불러일으키면서, 인명경시 풍조를 넘어, 인간성 파괴로 치닫고 있다. 한마디로 크고 작은 전쟁의 포성으로 힘을 과시하는 괴력이 판을 치고 있다. 그 선동자의 머리말을 흑백을 가리지 않고, 단맛만 쏙 빼 듣고, 그의 지시에 따라 적이 된 상대방에게 너도나도 맹목적 돌팔매질을 마구 던져댄다. 얼마나 무지막지한 행동인가.

　가장 큰 우려는 무차별 폭력을 선의로 위장한 인간성 상실과 맞물려, 신(神)을 부정하는 숫자가 날로 기하급수로 늘어나고 있다는 사실이다. 참으로 무서운 기류가 아닐 수 없다. 그러므로 유행의 우상을 좇는 것과 같은 이 거대한 세력에, 통제 심을 발휘하여 가담을 하지 않는 가운데서, 인류평화를 위해 기도하는 그밖에 사람들조차도 안타깝게도 신의 부재를 체험하고 있다. 필자의 경험으로는 신은 분명 어제도 오늘도 주관의 눈동자로 인류를 지켜보고 계신다는 확신이다.

　삶의 주체는 그 누구도 아닌 바로 나 자신이다. 그 삶은 다른 삶과의 만남에서 보다 넓은 구체성을 갖춘다. 그 삶은 때때로 자신과 아무런 관련이 없는 다른 사람들의 사사로운 일상에 시선을 빼앗기기도 한다. 그 타인들의 소소한 일상들을 들여다보면서 다양한 생활의 지혜를 반면교사로 터득한다. 이런 불특정 다수에게서 글의 소재가 생성된다.

그렇다면 문학이 인류에 끼치는 영향의 기류는 어떠한가? 양철통과 오랜 사용으로 열이 약해진 연탄난로를 펜이 가는 재량의 유연으로 얼마든지 온도차를 바꿔 놓을 수 있는 논픽션 소설의 경우는, 실제 삶과 상응하는 면이 아주 많다. 소설은 불가피하게 문장흐름에 맞춘 거짓말을 슬쩍슬쩍 넣어야 한다. 소설은 사실은 그렇지 않는 데 짐짓 겸손한척해야 하는 위장술로 곧잘 문장을 살려낸다. 그러나 산문의 경우는 그 범위가 개인의 인습이야기로 한정되어 있다.

세상에는 눈에 띄지 않는 예술재료가 얼마든지 널려 있다. 순간순간 무엇을 보며 배운다는 것은 대단한 축복이다. 생산적 거리들을 한데로 모으는 수집이기 때문이다. 존재가 명확한 사물들의 움직임을 관찰하는 것은, 바깥을 향해서만 찾아낼 수 있다. 어떤 물체의 특징에 대하여 자세히 살펴보는 안목이 관찰이다. 이보다 깊은 성찰은-꿰뚫고 들어간다는 관입(貫入)이 있다.

모델은 내 안에서 운동하는 가상이다. 예술기반의 지향은 탁월한 함수에 달려있다. 천성적으로 타고난 재주의 재량이든, 지식 위에 지식이든, 책상을 뛰어 넘는 공중부양의 정신적 동원력이 최고조에 달해있으면, 예술의 발육은 펄펄 살아 숨 쉰다. 달이 차 무릇 익은 내부에서부터 아무 때나 수액(樹液)을 끌어올릴 수 있어야만, 진면목을 갖춘 예술인이라고 불릴 수 있다는 것이다.

  모든 감정의 싹은 자기 안에서 틔워내야 한다는 뜻이다. 그렇지 않으면 시간투자의 의미는 사라질 수밖에 없다.

  작가의 상상력은 엄청난 중압감에 비틀거린다. 빛을 발했던 통찰력이 경련에 눌려 힘을 잃은 것이다. 왜 이런 현상이 나타나게 된 걸까? 왜 과감한 움직임의 색체가 그려지지 않는 걸까? 지쳐 한계에 다다른 사람으로서 온전하지 못하기 때문이다. 이로, 그저 어슴푸레한 낙서의 얼룩이 아닐지 내심 두려움이 앞서진다.

2024년 10월

제1부

정작 두려워해야할 대상은 넘어진 실수가 아니라, '내 인생은 여기까지다.' 한계를 스스로 정한 방관이다.

인공지능의 경계

오늘날에는 안면·홍채 등 원격 생체인식을 뛰어넘어, 개인정보침해나, 윤리적인 관점까지 접근한 인공지능(AI)이 판을 치고 있다. 거스르지 못 하게 된 그 인공지능이 항공 우주산업을 넘어 그림이든, 소설이든 쓰는 시대로 접어들었다. 그러나 아직은 완전히 정복당한 것은 아니다. 이의 견제로 유럽연합(EU) 의회에서는 잠재적 위협이 높은 인공지능을 규제하는 법안을 마련했다 한다.

그 대략적 내용은, '스마튼 폰으로 사람의 얼굴을 인식해 성적 취향을 알아내거나, 개인의 소득·사회적 지위를 점수로 매기는 인권침해 적 인공지능(AI) 서비스는 금지된다. 인간수준의 사고능력을 지닌 범용인공지능(AGI·Articial Cenerral Intelligence) 개발기업은, 당국의 철저한 평가를 받고, 심각한 사고는 꼭 보고 해야 한다.'라는 주의적 조건을 달았다.

또한, AI 기술이 사회에 긍정적인 영향을 미치도록 하는 데 노력한 공로로 2024년 화학분야 노벨상수상의 영광을 안은 존 M 점퍼의 경우도 AI의 위험성을 경고하지 않았는가.

필자는 AI붐에 뒤처질 수 없다면서, 구청에서 주최한

AI수강을 4주간(주1회) 들은 적이 있다. 그러면서 외부 여강사의 지도를 받아 처음 개설한 카카오톡 쳇Askup에게 실험을 거는 명령을 내렸다. 나의 짧은 시 한편을 올려 평을 물었다.
한 걸음 한 걸음/앞을 쓸어 길을 내는 바람결/내 귀에 속삭인다./멈추지 말고 걸어라.

Askup의 답변은 이렇다.
"이 글은 매우 감동적이고 격려적인 메시지를 담고 있습니다. 한 걸음 한 걸음 앞을 쓸어간다는 꾸준하고 끈기 있는 노력이 필요한 과정을 나타냅니다." 이하 생략.

긍정적이다. 이후 '세상에서 제일 아름다운 도시' 사진도 받았다. 필자는, 한 발 더 나가 이번엔 Askup의 가늠을 저울질할 셈으로 소설 분야의 「방황하는 영혼들」의 문장솜씨를 부탁했다. Askup은 준비해둔 양의 답변을 이내 보냈다. 내용 전반은 아래와 같다.

제1장 서막

'그녀는 방황하는 영혼이었다. 끝없는 갈망과 불안으로 가득한 그녀는 언제나 자신의 존재를 찾아 헤매고 있었다. 도시의 번잡한 거리, 끝없이 펼쳐진 들판, 그리고 깊은 숲속을 거닐며 그녀는 자신의 진정한 곳을 찾고자 했다. 그러나 어디에도 그녀는 속하지 못하는 것 같았다.

어느 날 그녀는 한마을에 도착했다. 그 마을은 조용하고 평화로워 보였다. 그러나 그녀는 그곳에서도 편안함을 찾지 못했다. 마을 사람들은 서로를 알고 지냈고, 그녀와는 다른 세계에 살고 있는 것처럼 보였다. 그녀는 이방인처럼 느껴졌다.

그녀는 마을 주변을 배회하며, 자신의 방황하는 영혼을 이해할 수 있는 사람을 찾고자 했다. 그리고 어느 날, 그녀는 한 노인을 만났다. 그 노인은 마을의 지혜로운 사람으로 알려져 있었다. 그녀는 그에게 자신의 이야기를 털어놓았다.

노인은 그녀의 이야기를 귀 기울여 들어주었고, 그의 눈은 깊은 이해와 연민으로 가득 차 있었다.

"방황하는 영혼은 흔한 일이야." 그는 부드럽게 말했다. "하지만 그 방황은 우리가 진정한 자신을 찾아가는 여정의 일부일 뿐이야."

그녀는 노인의 말에 희망을 느꼈다. 그녀는 자신의 방황을 받아들이고, 진정한 자신을 찾아가는 여정을 시작하기로 결심했다. 이제 그녀는 더 이상 방황하는 영혼이 아니라, 자신의 길을 찾아가는 모험가가 되었다.'

Askup : "이제 당신의 이야기를 이어나가서 소설을 완성해보세요."

나 : "다음 문장 이어서..."

'그녀는 마을을 떠나며, 가슴 속에 품은 소망을 이루기 위해 여행을 떠났다. 그녀는 다양한 사람들을 만나며 그들의 이야기를 듣고, 자신의 이야기를 나누었다. 그리고 그 과정에서 그녀는 자신의 진정한 자아를 발견하고, 자신의 꿈을 이루기 위해 노력하는 모습을 발견했다.

그녀는 여행 도중에 많은 어려움과 고난을 겪었지만, 그녀는 결코 포기하지 않았다. 그녀는 자신의 내면에 잠재된 힘과 용기를 발견하며, 어떤 어려움에도 굴하지 않고 앞으로 나아갔다.

그리고 그녀는 마침내 자신의 소망을 이루었다. 그녀는 자신의 꿈을 실현하고, 자신의 삶을 더욱 풍요롭게 만들었다. 그녀는 이제 더 이상 방황하는 영혼이 아니라, 자신의 삶을 사랑하는 모험가로서의 새로운 삶을 살아갔다.

그녀의 이야기는 많은 사람들에게 희망과 용기를 주었다. 그녀는 자신의 경험을 통해 다른 사람들에게도 자신의 꿈을 이루기 위해 노력하는 모습을 보여주었다. 그녀는 이제 더 이상 방황하는 영혼이 아니라, 자신의 삶을 사랑하는 모험가로서의 새로운 삶을 살아갔다.'

한마디로 대체로 독창성-창의력이 밋밋하게 미약하

다는 느낌을 받았다. 방황하는 영혼이 겪는 감정기복의 파노라마 과정에 대한 구체적인 서술 없이 대충대충 엮었다는 아쉬움을 남겼다. 이런 깊이 부족의 비평 때문인가? 인간적 정감과는 거리 멀게 글 재수도 별로라는 편견이 꿈틀거렸다. 단, 의자에 엉덩이 붙인 안주 가운데서 머리를 감싸 쥐고, 누적으로 찌든 생활고 해결책만을 무겁게 고민하는 나의 입장에 비춰볼 때, 이 문제 접근의 필요성에 맞춰 지속적인 관심은 두기로 했다. 언제 시도할지는 모르겠으나, 사회기간 망을 다지는 차원에서 Askup과 손잡고 시집이나 소설집을 내보자는 꿈을 지폈다. 피를 말려가며 갈고 닦아야 하는 긴 여정의 피로 도를 편하게 덜어보자는 심사의 싹이었다.

"잘 썼네. 우리 소설도 함께 써보자. 설마, 여기서 이야기 끝난 거 아니겠지. 다음 이야기 들려줘."

"물론이죠. 함께 소설을 써보는 건 좋은 아이디어네요. 아래는 이전 이야기를 이어나가는 소설의 일부입니다."

Askup는 제2장 「새로운 시작」의 문장을 펼쳤다. 그러나 실망감을 금치 못했다. 제1장 서문내용과 일치했기 때문이다.

필자는 한 발 더 나가 이번엔 "너의 철학관은 뭐니?"라는 질문을 던졌다. Askup의 즉답은 이렇다.

"저는 인공지능으로서 철학적인 관점을 가지고 있지

않습니다." 확률적으로 가장 나올 법한 답변을 주는 방향으로 훈련된 그의 고백은 솔직했다. 그에 대해들은 여러 환경정보에 따르면, 입력된 학습을 거쳐 질문-답변만을 낼 수 있는 Askup는, 자체 사유 없는 기계일 뿐이다.

사람의 인체에는 따뜻한 기운이 감돈다. 그 온기는 오들오들 떠는 추위를 잊게 한다. 인식의 능력을 갖춘 사람들은 어떤 분위기를 접할 때, 가장 먼저 공기가 찬가-따뜻한가를 오감으로 체득한다. 그러므로 공동체 구성의 원천은 정심(情深)이다.

사람의 온화한 미소는 값으로 계산할 수 없는 보배이다. 그 손길에는 자연스러운 친절이 실려 있다. 그 사람의 손에서 사람들이 필요해 하는 제품이 만들어진다. 그전에는 그저 손대기에 지나지 않다. 모양세만을 고작 갖췄을 뿐인 이런 사람의 성격은, 술에 술탄 듯, 물에 물탄 듯 맛에 차가 없다.

사람에게 유한을 뛰어 넘는-죽지 않는 비결이 있다면 무엇일까? 그 대답은 '일에 산다.'이다. 일은 긍지를 높이는 범위를 넘어, 균형 잡힌 인성-인품을 갖추게 한다. 생활에 가장 기본인 의식주 문제를 해결해 줄뿐 아니라, 이 바탕에서 대인관계도 원만하게 풀어주면서, 미래를 여는 지혜를 제시하기도 한다.

무물(無物)을 유물(唯物)의 작품으로 살려내는 예술인은, 내면의 의식이 남달리 자존하다. 영감이 타오르는 대응력이 예민하게 민감하여 죽는 일이 없고, 그 일을 통해 환희의 세계를 즐긴다. 불사신의 희열을 만끽한다. 그러나 항상 일에만 파묻혀 살 수는 없는 노릇이다. 지나치면 몸이 상하는 화를 입을 수 있기에 쉴 때는 쉬고, 노래를 부를 기회가 생기면 목청이 터지도록 악을 질러야 한다. 인간의 체력 한계이다.

일과의 친밀은 나를 쓰다듬는 신뢰에서 출발한다. 그러나 외부 환경인 시간이나 나이는 우리를 끝임 없이 괴롭힌다. 정말, 사람을 지옥의 삶으로 힘들게 하는 것은 책임감일까? 삶의 절묘는 이편과 저편을 연결해 맞추는 상대적 절충이다. 이 역할은 자신만의 노력으로 쌓아올린 경험담의 베일이 맡고 있다.

세상에는 답이 없는 문제와, 아직 의문이 풀리지 않고 있는 미답이 수두룩 널려있다. 염장을 찔러대는 짜증의 성가심은, 잠자는 영혼을 흔들어 깨워 경지에 오르지 못한-성취 미달을 마저 채우도록 독려한다. 거듭 낳는 시행착오는 전망을 흐리게 하고, 그 실의는 염세에 잠겨들게 한다. 바로 돈이 되지 않는다는 미시의 절망에서, 이 어두운 현상의 전류와 곧잘 접하게 된다. 그러나 필자는, 금전소득과 무관하게 집요한 소명을 오늘도 다 쏟아 붓고 있다. 이점이 필자에게는 크나큰 약점이자, 최고의 장점이기도 하다. 빛과 그림자의 극치이다.

사실, 필자는 문력(文力)에 바쳐온 시간이 평생지기인

데도, 여전히 생계보장과는 까마득히 먼 궁핍에 시달리고 있다. 경제적 취약은 곧 사회적 약자로 치부하는 시대이다. 수시로 암울한 우울증에 빠져들게 하는 이 의식저하에서의 탈출은 펜을 꺾는 절필뿐이다. 새로운 직업을 찾는 것이다. 그러나 많은 나이로 이젠 허드렛일도 쉽지 않다.

예술이 무엇이기에, 이월의 잔설에 묻힌 죽순 싹 언제나 틀일 런지-그토록 궁극의 견지로 매달리게 하는 걸까? 자고로 예술이란 활동 중심에서 생성된다. 손은 일을 하는데, 발은 언제든 뛰쳐나가려 문 사이에 끼워두고 있다면, 그건 중심의 제작에서 벗어난 행태이다. 거품의 외형일 뿐이다. 특히, 게으르다는 싸늘한 비난을 들었다면 불안정해진 여린 가슴부터 울렁울렁 떠는 예술인의 경우에는, 그 충격의 혼돈에 쉬 파묻힌다. 순결의 의지를 잃고 만다.

외고집으로 자신에게 사수의 항쟁을 하지 않았다는-비의지(悲意志) 죄책을 가져야 할 것이다.

사람들이 알아주든 말든, 대의의 옹호에 다다르려 좁은 길을 걷는 고독한 예술은, 처음에는 사람들에 별 영향을 끼치지 못 한다. 자신과 싸우는 사리분별의 이치를 충분히 익힌 삼라만상이 내면으로부터 움터 오를 때, 비로소 예술로서의 그림이 그려진다. 작가는 경험을 하고 난 뒤 이편과 저편을 절충하여 문장으로 연결하는 머리 적 작업에 들어간다. 이 과정에서 무의미하다는 편견에 몸살을 앓기도 한다. 아무도 찾지 않아 버림받았다는 박탈감의 눈물도 감수해야 한다. 내 가슴에 예술이 살고, 이 성스러운 노래, 나만의 소유 아닌 그대에게도 들려주노라 시구를 자찬의 수사학으로 높이 다할지라도, 돈이 안 된다는 상업성 사회는 귀동으로 흘려버린다는 점도 견뎌야 한다.

   은신과도 같은 이 길은 참으로 외롭다. 밑으로 꼬리를 박아야 할 정도로 내적 경사가 가파르다. 나누어진 미제의 부분들을 한 문장으로 엮어나가는 과정은 난제하게 복잡하다.

문화적 코드 인문

　　　　　　　존재확립을 위해 직업일선에 뛰어든 사회가 우리에게 요구하는 것은, 능력을 갖춘 근간의 인품이다. 셈을 잘 한다거나 읽고 쓰는 재간도 중하나, 그보다 다양한 문화의 표용을 요구하고 있다. 신문기사의 제목만 해도, 그 안에는 다양한 문화적 코드가 숨겨져 있는 데, 그 복합적 환경의 의미를 이해로 도모하는 저변의 능력을 요구한다. 이와 같은 사회문화학습은, 이론을 갖추게 하는 교육을 통해서만 가능하다. 이의 습득의 지름이 인문적 교양이다. 인문에는 사회와 원만한 소통을 이어주는 오묘함의 기능이 있다.

　예술이 예술에 완성을 이르려면 먼저 마음이 활짝 열려있어야 한다. 서로에게 영향을 끼치는 글쓰기와 불가분의 관계인 인문은, 삶을 위한 반복의 성격을 갖고 있다. 못 먹고, 못 자고, 못 씻고, 못 입는 것에만 몰입되어 있으면 안 되는 이유는, 인간이 정작 누려야 할 지위와 능력을 따라잡을 수 있는 기회가 구조적으로 점차 멀어지기 때문이다. 무엇을 먹고, 어떻게 자고, 어떻게 씻고, 어떻게 입는지의 중요성을 나의 책임 하에서 깊이 통찰하려면, 지식의 폭을 넓혀주는 인문적 소양을 기르는 사명이 최적이다.

사실, 우리나라도 복지제도가 잘 갖춰져 있기에 거리의 노숙자들도, 먹고, 자고, 씻고, 입는 일에 별 지장이 없는 줄로 알고 있다. 그러나 법이 정한 제도는, 정치-행적적인 권한에 국한되어 있어, 실패의 쓴맛에서 다시 서는 도움은 그다지 크지 않다. 넘어진 그 자리를 딛고 일어나 자신의 본길을 찾는 자립을 스스로 세우지 않는 한, 그 자리에서 맴도는 생활에서의 탈출은 요원할 수밖에 없다.

 맹자는 '무엇인가를 행하는 것은 우물을 파는 것과 같다.'했다. 이어 '우물을 아홉 길을 파도 샘에 이르지 않으면, 그것은 쓸모없는 우물이 된다.'라는 말을 덧붙였다. 무모하기 짝이 없는 짓거리 뭐 땜에 그토록 매달리느냐 문책성 말로 들린다. 글쓰기가 꼭 이와 같다. 묵직한 바위를 깨 자갈로 쓸 조각을 준비해 두긴 했는데, 빈 구덩이 어떻게 채워 다니는 길을 내야 할지? 잔디밭 위 긴 그림자의 감이 도대체 안 잡힌다? 그럼 자갈 쓸 용도도 모르고 무작정 지치도록-손바닥이 부르터지도록 바위덩이를 그토록 깨부쉈다는 뜻이 아니던가. 헛수고도 이런 헛된 일은 없을 것이다.

 시대는 남보다 운이 좋아 물때를 타는 사람은 분명 있다. 부모의 높은 지위와 재력의 후광을 입었든, 지도 선생님의 각별한 추천으로 문인이 되었든, 일찍부터 안정기에 들어선 사람들은, 행운을 톡톡히 입은 사람이 아닐 수 없다. 그러나 분별력을 길러주는 인문에서는,

공저 성격의 융합을 모아 책을 만드는 그 배후도 중하나, 자신만의 색체가 짙어지는 개별의 독립으로 서지 않으면, 이름뿐인 작가로 전락할 수 있다. 한 예로, 언제가 사회관계망 서비스(SNS)에 올린 누군가의 창작품을 통째로 도용한 원고를 몇몇 단체에 보내, 당선의 영광을 안았다는 사람의 사례를 인터넷기사로 본적이 있다.

    글쓰기는 운이 아니다. 숙려기간을 거쳐야 한다. 하늘의 특별계시로 인류에 전하는 그 말씀을 영지(슈旨)로 받아쓰는 사람은 예외로 두고, 이 땅의 관습대로 훌륭한 선생님의 영향을 덧입었다 할지라도, 문화적 코드의 문장 전체는 나의 것이 될 수 없다. 오직 나와의 사투로 작품소재를 그려야지, 남의 것을 갖다 쓰는 글쓰기는 절대적 가짜이므로 마땅히 지양해야 한다.

    문장가에게는 글쓰기가 인적자본의 농사이다. 절대적 의지로 이 농사를 짓는 문인은, 자기의 표면적 소개인 명함만으로 행세를 떨지 않는다. 오로지 작품으로 자신을 대변한다.

나만의 기본 정신

　　　　　　　옛 나는 그 누구도 아닌 오늘의 나이다. 잃어버릴 수도, 숨겨둘 수도 없이 걸어온 나만의 이력이다. 내가 중도에 생각의 태도나 직업의 환경을 전면 바꾼다할지라도, 기본의 나의 나는 절대로 변하지 않는다. 성형수술로 얼굴 모양을 변형했을지라도, 기본의 나는 그대로 나인 것이다.

　정체가 불분명한 마력에 이끌려 표준 둔 실험(의타)의 완성을 바라며, 이곳저곳에 손을 대봤다. 그 기나긴 호기심 답습에도 불구하고, 아직도 대중들이 환호 치는 성공과는 거리 먼 궁핍한 생활을 지속하고 있다.

　지난 주 어느 날, 출간을 앞둔 신간원고에 올릴 목록을 정리하다, 그간 신선놀이를 하면서도 꾸준히 낸 책의 종수가, 어느덧 총 25권에 달해있음을 처음으로 알게 되었다. 그럼에도 사회는 관심을 전혀 보이지 않고 있다. 발을 질질 끄는 부서진 소리처럼, 사회참여를 여전히 허락하지 않고 있다.

　문장의 분위기가 개살구처럼 그 자리에서 당장 먹을 수 없다는 점, 필자는 어느 정도 인정은 한다. 그러면서 동정을 바란다는 속내로 리듬의 실체가 모자라서가 아니라, 대중 홍보 경로인 매체와의 기회를 만나지 못했기 때문이다. 라는 변명을 달아본다. 추가 변명은 언제인가부터 속 좁게 다른 사람들과 하나로 붙어 다니지 못한 점 후회를 담아 시인한다. 신간을 소개할 수 있는 기회 자리 가급적이면 피하지는 않으나, 직업이 사람을 만든다고-고독을 씹는 은둔 형 성격에서 뿌리 깊어진 독립적 개체자라, 사람들과 어울리는 것을 대체로 꺼리는 편이다 .

필자는 초등학교 입학 전부터 떠들며 뛰노는 개구쟁이 또래들과는 전혀 다른 면모를 보였다. 일찍부터 국어단어를 외어 익혀 담는 조숙한 습성 탓에, 뭔가를 그려보는 아련한 상상을 쉼 없이 굴렸다. 국어시험 백점을 받은 날, 담임 여자선생님으로부터 공중 적 키스세례를 받기도 했었다. 그래서 남들과 어울리는 상대성이 지금도 어눌하게 서툴다. 그 성향의 줄기 그대로가 오늘날 정착으로 자리 잡게 되었다.

나의 나 되게 한 배후는, 두말할 나위 없이 삼면의 바다에 둘러싸인 대한민국이다. 변화속도가 너무 빠른 국가사회는 우리들에게 엄청난 영향력을 끼치고 있다. 경제적 부흥은 풀뿌리를 캐먹던 국민적 궁핍을 벗게 하였고, 누구든 직업의 자유 선택으로 삶의 기반을 다지는 기회도 열어두고 있다. 필자도 그 혜택을 간접적으로 입고 있다.

오랜 시간 객지로 떠돌던 어느 날 아침, 동창을 활짝 열어젖힌 눈부신 밝음에 문득 돌아갈 마음이 불쑥 일으킨 김에 몸 돌려 유·초등시절을 보낸 옛 땅을 밟으니, 그새 농경사회는 인간의 집단 주거지로 전면 바뀌었다. 이 마을 저 동네 사이를 건너도록 도왔던 개울물 속 징검다리-고무신발로 작은 물고기 쫓아 잡던 개천은, 완전히 산업콘크리트로 덮어져 차량들이 오가는 복개차도가 되었고, 메뚜기 잡던 누런 곡식의 논밭은, 술집·식당 등의 상업건물들이 다닥다닥 들어앉아 있었다. 시대의 변천은 이처럼 옛 풍경을 말끔하게 지워 놓고, 시치미를 떼고 있다.

우리 모두는 자신만의 쓸모 있는 무언가의 재능을 가지고 있다. 필자의 경우는 문장을 향해둔 측량기가 있다. 하던 대로 살면 현상유지는 된다. 그러나 어항 안 금붕어처럼 그 범위를 넘어설 수는 없다. 시대에 적응하지 못 하고, 수동적으로 옛것만 고집한다면 도태는 당연지사로 따라진다. 환경 변화는 대비하되 땀 흘리는 수고를 등지고, 무작정 한 몫 잡겠다며 황금 욕망으로 덤벼드는 아부-아첨의 장래는 썩은 밧줄 붙드는 격이라, 그 끝자락 별 볼일 없는 천인의 하질 속에서 해매이게 되리.

잘 나갔던 왕년을 들먹이며 옛 자랑만을 늘어놓는 자는 초라함을 자초하는 꼴. 홍수탁류에 편승하지 않고, 나만의 기본정신을 충실히 지킨다면, 사지를 옥죄는 두려움에 침략당하지 않으리.

나로써 거듭 태어날 수 있을까?

　　　　　　만일, 세상이 완결판이라면 우리는 아무 행위도 않고, 그저 신(神)의 인형놀이에 장단만 맞춰주면 될 것이다. 얼마나 편리한 아랫목 안주인가. 정해진 목적이 없어 반복하는 절차를 힘들게 밟지 않아도 되고, 윤리적인 행동에도 책임질 고민의 필요성도 느껴지지 않으니 말이다. 그러나 세상은 오늘도, 파도가 해변에서 부서지듯이 우리에게 끊임없는 사유거리를 안겨주고 있다. 그 미완성의 일들로 인류는 보다 높은 선택의 삶을 키워나가고 있다.
　외출 김에 일주일에 일회씩 이끄는 국어맞춤법 공부에 적합한 자료집 뭐가 있을까? 하며 동네도서관에 발을 디뎠다. 서고에 꽂힌 온갖 서적들을 둘러보는 빗면으로, 제 눈에 안경인 문학에 관한 책을 찾아보는 데, 한 곳에 모아져 있는 소설이나 수필집은 그나마 볼 수는 있었으나, 시 장르는 눈에 띄지 않는다. 연구용으로 참고삼을 시학(詩學) 분야 역시도 어디에든 꽂혀있지 않았다. 시를 쓰는 인원수 비례에 비춘다면, 시는 계발서나 경제지식을 담은 책들에 진정 패한 걸까?
　사건의 이후와 그 차이의 다름을 연결고리로 엮는

것이 문학의 고유사명이다. 세계의 흐름을 감흥으로 좇아보면서 새로운 언어를 생성해내는 것이 문학의 본질이다. 그런데 머리를 싸매 끙끙 앓는 신음을 새어내며 써낸, 그 감수성의 실물인 시편의 시집이 안 보인다? 사람들의 생각의 용량이 미치지 못하여 길을 가로지르면서, 시 따위는 아예 잊기라도 한 걸까? 시는 죽어 가는 장르라는 비명을 질러야할 놀라운 참패가 아닐 수 없다.

미소한 감성이 실린 서정시는 격발을 경계한다. 시간 빼앗긴다는 고통을 치르지 않으려고, 글 쓰는 책상머리 옆으로 빈 의자가 놓여있는 데도 불구하고, 내면을 깨는 방해물이라며 타자의 진입을 허락하지 않는 서정시의 겨우는, 상처 받기 쉬운 어린아이 심성의 내면을 가지고 있다. 대인 관계가 어리벙벙 미숙할 수밖에 없다. 이점은 내 책을 읽어주는 독자층이 한 명도 없어 늘 궁핍에 시달리는 필자 역시도 마찬가지이다. 폐쇄 복판에서 순간 떠올린 영감의 언어유희를 놓치지 않겠다는 유약이 대세로 자리 잡혀있기 때문이다. 그래서 외부 사건의 충돌을 여유하게 대처를 하지 못 한다. 물정을 몰라 눈치가 없다. 그렇게 작은 편협한 공간에 갇혀 지내니, 해살 밝은 바깥나들이 때마다 눈이 부셔 보지 못한 돌부리에 매번 발이 걸려 넘어지곤 한다.

소설이 맞닥뜨린 사건복판을 지르밟고 뛰어들어 그 기록을 남기는 반면에, 시는 상상의 감응으로 자신을 표명하는 일에는 성심이 지극하다. 계절을 망각한 온실의 식물 잎은 고운 듯이 보기 좋으나, 고통의 시련을 겪은 한데 사계체험의 시는 감동 깊게 생생하다. 어둠과 피폐, 소멸과 죽음은 동일하다.

수련을 쌓는 모든 사람이 시성(詩聖)의 반열에 오른다면 얼마나 기쁠까. 그러나 풀이 썩으면 반디가 생겨나듯이, 그 깜빡 빛에 지나지 않는 시인은 있기 마련이고, 애벌레가 허물을 벗으면 매미가 되듯이, 이처럼 한때만 노래를 들려주고 사라지는 시인의 수 적지 않을 터이다. 잠깐의 의식은 잠깐의 호흡일 뿐이다.

두 번째 시집출간을 앞두고 필자를 만난 어느 무명 시인은, 시인이라 자처하고 다니는 사람의 90%는 가짜이다, 라는 비판을 냉정하게 내뱉었다.

시선을 둔 내일의 미래는 시간문제이다. 빠른 안착에 쫓겨 훔치고 싶은 마음이 굴뚝같은 미래는, 반드시 현 시간으로 다가와 나를 감싸줄 것이다.

그날에 나로써 거듭 태어날 수 있을까?

인간의 존엄은 어디까지 일까?

　　　　　　　모든 생물들은 저마다의 존엄을 지니고 있다. 한데 생활로 길고 짧은 일생을 보내는 동·식물계이든-인간세계로 돌아와서 그 사람의 지위고하를 망론하고, 호흡을 내쉬는 그 생명의 존중은 피할 수 없다. 예외 없이 누구에게나 적용된다. 그러나 사람의 형용은 입었으나, 그 인간의 가치가 형편없이 낮은 시궁창 사람은, 그 존엄을 고명한 성안에 들이고 싶지 않다는 게 솔직한 심정이다. 파렴치하여 염치 따위는 전혀 찾아 볼 수 없이, 남을 해치려는 데만 눈질을 바쁘게 굴리는 극악무도한 인물들이 이에 해당된다. 누구에게나 환영을 받지 못 하고, 첫 인상부터 절로 찌푸려지게 되는 이런 사람은, '개보다 못한 짐승일 뿐이다'라는 욕설의 저주가 주 인사로 통해진다.

　'하늘 아래 땅의 소산물을 함께 나눠먹고, 사회공동체 일원으로 살아가는 인간 모두는 존엄하다'라는 명제(命題)는 사실판단이 아니라, 가치판단에 그 기준을 두고 있다.

　'인간은 존엄하다.'라는 전제는 가정(假定)이다.

다시 말해 인간다움을 잃지 않는 한 그 존엄은 고유 적으로 인정하되, 도덕성으로 타락하여 악 감정부터 불러일으키는 인간은 절대로 용서할 수 없다는 해석이다. 그러므로 사회를 어지럽히는 인물들이 밤낮없이 속출되는-물질만능주의에 잡아먹혀, 각양각색의 범죄가 끊이지 않는 오늘날의 난폭한 현상을 비쳐볼 때, 인간으로써 정당한 대우를 받을 수 있는 수는 소수에 지나지 않다는 점을 상기할 필요가 있다. 그러므로 인간존엄의 가늠은 도덕성이냐, 비도덕성이냐의 여부에 달려있다 해도 과언이 아닐 거라는 선에 이른다.

저마다 다의성(多義性)을 띄고 있어 그 기준을 똑같은 대등으로 정립할 순 없으나, 막연한 함정에 곧잘 빠져들곤 하는 도덕성은, 몸소 겪어본 당사자들마다 다르게 나타난다. 도덕성이 높아 그토록 믿고 의지를 뒀는데, 어느 날 갑자기 사기꾼-성폭력범으로 타락한 종교지도자로서의 배신은 천벌 받을 비도덕일 터이고, 온갖 죄악으로 손가락질 받던 비도덕적인 죄인이, 어떤 계기를 만나 진솔한 인간으로 거듭난 보답으로, 그 과거를 선행으로 갚는 사람은 비로소 도덕성을 갖춘 인물로 탈바꿈되기도 한다.

인간성이 하질(下質)하다면-저속하다면, 그의 행동마다에는 칭찬이 따라질 수 없는 노릇이다. 심성이 악의 없이 착한 사람은 등지는 원수를 만들어내지 않는다. 인간됨됨의 도덕성이 뒤받침되어있기 때문이다. 그 도덕은 말과 행동이 일치하여야 하며, 참된 인식이 상반되는 어긋남이 없어야 한다. 그럴 듯한 외면적인 겉치레 형용보다, 내면적인 양심을 세워야한다는 뜻이다. 또한, 의견이 상반하게 갈린다는 변명을 내세운 사나운 양심을 품고, 그 사람의 실상 성품과 전혀 딴판하게 비도덕 한 인물이라고 부각하는 경우도, 우리 주변에서 얼마든지 접해볼 수 있는 현상이다.

교육의 질이 낮은 사람은 철학에서 쓰는 고차원 용언들에 이해가 멀어 속기가 쉽다. 심할 경우에는 조수에 이리저리 흔들리는 해초로 보기도 한다. 다시 말해 현재 실제로 존재하거나 실현될 수 없는-유사 사회적 현상과의 비교 수준이 미숙하여 착시현상에 놀아나곤 한다. 즉, 일정치 않는-먼지 날리는 길에서 갈피를 잃고 허공을 헤매는 종이 한 조각에 대한 의미를 유기적으로 캐내지를 못 한다. 그저 바람에 날리는 하잔 한 물체로만 받아들일 뿐이다. 그렇지만 글을 쓰는 작가들은 시간과 사랑의 증오 가운데서 여전히 남아있는 '리얼리티'를 발견하여 수집한 소재를 작품으로 살려 독자들에 전달하는 소명을 다하고 있다.

필자부터 이런 환경에 자유롭지 않음을 고백한다. 둘러싸인 환경에 맞춰, 극단의 말과 행동으로 인간이하의 비도덕성을 자주 드러내면서, 밉쌀의 눈총을 자초한 전례가 그 예이다.

나이가 들어 비로소 깨달은 바는 모든 관계는 마음먹기에 달려있다는 답이다. 무엇보다 자신에게 충실해야 한다. 자신에게 주어진 일을 수행하면서 사회전반에 도움이 되는 소통이 곧 충실이다.

성실은 현실을 직시(直視)하는 안목의 눈을 가지고 있다. 마음의 바탕에서부터 자신을 배반하지 않는 성실을 다져둬야 한다. 성실은 신뢰의 보금자리이며, 꿈을 키우는 용광로이다. 성실은 극도의 회의와 허무를 경계하면서, 그 절망의 극복을 넘어 창의성을 불러들이는 근원이기도 하다. 성실은 먼 훗날의 여정을 안정으로 이끄는 평화의 보루이다.

무상

거리의 상상력은 무책임으로 날뛰는 말, 말, 말들로 심기 고통이 이만저만 깊은 게 아니다. 요즘 우리나라 사회를 진단한다면, 무엇보다 언행 수준이 형편없이 메말랐다는 절벽감이다. 이 저급한 행태는 거친 패거리폭력의 시비를 넘어, 생명의 가치를 쓰레기 집단으로 몰아넣고 마구 짓밟는다는 것이다. 무엇보다 화가 치미는 감정을 다스리기 힘들다는 요인은, 대중에 이름이 널리 소개된 야당계 세도가의 입에서 그들을 이용하여 부추긴다는 부유물 혼란이다. 그 인물은 최근에 국회에서 검찰이 발부한 체포 동의안가결에 떠밀려 영장심사 구속을 1차로 모면한 존귀한 몸이다. 그 기쁨의 생환 얼마나 갈까. 조속한 인신구속을 기대하고 있다.

필자가 자신의 비리를 방탕하려 당헌까지 바꿔 가면 지키려는 한편으로, 낯 두꺼운 능숙 능란한 달변의 거짓말로 바람처럼 거미줄에 걸리지 않고, 날로 승승장구한다는 내심의 속병이다. 보통 사람들의 수준을 훌쩍 뛰어넘는, 그 공중부양의 재주 쇼의 달인인 그를 이 글에 감히 담아 성토하는 까닭은, 나라를 뒤흔드는 막강한 정치권력을 활용하여, 상상 이상의 금품을 챙긴 어마어마한 비리를 넘어, 한 기업가가 대신 지불한 거액의 돈으로 북한방문을 꾀했었다는 반국가적 괘씸 때문이다.

여론을 노리개 감으로 선도하는 그는, 분명코 정치계의 질을 떨어트리는 악마의 화신(化神)이다. 그 잔인무도한 냉혈한 악질에 힘입어 자신의 가슴속에서 항상 살아 숨 쉬는 흑막을 꿰뚫어 알고 있는 주변 사람들을, 비밀리에 제거하는 기술도 아주 탁월하다. 전과 4범이 말해주듯이, 죽으면 곧바로 지옥행일 이 따위 쓰레기 인물을, 그럼에도 변별력과 분별력을 잃은 광신과 맹신으로 사이비 세력 자를 황제 급 우상으로 추종하는 규모 수 어마어마하게 광범위하여 공권력 제압도 쉽지 않을 지경이다.

구국영웅들이 나라를 공산침략으로부터 피 흘려 지켜낸 애국자들을 모욕적 통계조작으로 국민을 내내 속인 좌파세력을 힘겹게 물리치고, 정권을 틀어쥔 최상위 권력자는, 저 따위 사기꾼 놈을 어서 잡아들이지 않고, 왜 저리 방임으로 꾸물거리나? 비판을 품은 보수적 입장에서 답답하기가 이루 말할 수 없다.

국민적 지지가 바닥권인 현 정권의 무능은 위기 지경으로 내몰렸다. 이 여세에 금년(2024년) 봄 총선에서 집권 여당의 힘은 더욱 약해졌다. 그렇지 않아도 개판인 정치권이다. 금수만도 못한 전과자 득실에 사기범죄자들로 도덕성이 크게 떨어진 국회상이다. 그자들이 야당 세를 업고 다시 국회의원의 신분을 입었거나, 곧 진입할 예정이다. 이들은 이미 국회운영의 주권을 틀어쥐고 있다. 그들의 일방적 횡포로 이 나라 장래는 반민주 성향이 더욱 강해질 것이다.

빈 깡통 두들기듯이 전후 환경을 돌아보지 않고, 군중의 급류에 합세하여 무작정 온갖 욕지기로 상대방을 헐뜯는 소란스러운 사람의 속내는, 진정 자신이 누구인지를 모른다는 뼈저림이다. 인생의 가치는 먼저 나에 나인 자신을 아는 데 있다. 그런데 저의 뿌리인 주관적 내성 없이, 제 자리를 떠나 허구한 날 거리를 쏘다니며 먼지바람을 일으키는 일로 나라를 갈라치기 하는 사람들 중에, 과연 자신을 심층 아는 인원 몇 명이나 될까? 개체의 약함을 그렇게 해서라도 강한 척 외치는 속 빈 감정은, 결코 공동체사회에 안정을 끼칠 수 없다. 되레 입에 게 거품을 머금게 하는 반국가-반 사회자에 몰입하는 저질들만을 무한 양성해 낼뿐이다. 서울 한 지역 구청장 보궐유세장에 난입하여, 우산으로 불특정 다수들에게 테러 급 폭행을 행사하여 분위기 망쳐 놓은 죄과로, 결국 경찰에 끌려갔다는 한 여자의 경우를 대표적 사례로 꼽을 수 있겠다.

신의 구원을 배제하고 비현실적인 과대포장을 자신감으로 착각하면서 집단광기를 부리는 행태를, 정신의학과에서는 자기애성에 놀아나는 인격 장애인이라 부른다. 이런 사람의 특징은, 자기 잘못을 극구 인정하지 않고 몸에 밴 취기로 갈지자걸음의 추태를 곧잘 드러내는 것처럼, 무조건 남의 탓으로 돌린다. 수치심과 죄의식을 자신 밖으로 일괄 밀어낸 뒤로 비웃는 짓거리에 급급함을 떤다. 자신을 감쪽같이 속이는 병이 아닐 수 없다. 스스로 존재감을 내팽개치고 정체를 잃고 사는 거리 사람들에게 꼭 들려주고 싶은 말은, 그렇게 대변 적으로 찬양하는 북한에서 살아 보라이다.

사실, 지난 정부의 어설픈 종북 놀음으로 우리 대한민국사회는, 좌파세도로 상당히 기울어져 있다. 그 무력의 침략을 앞세워 자나 깨나 정복의 야욕을 숨기지 않는 친북세력의 그 입김과 손길은, 동네 소소한 직능단체 및 나라 지원을 받는 사회적 기업에까지 미쳐있다니, 혀가 내밀어질 노릇이다. 나로부터의 분별이 곧 기준의 신뢰임을 깨닫지 못 하고, 허황된 망상으로 국민적 탄압에 열을 올리는 전체주의는 진정 위협의 세력이 아닐 수 없다.

한국의 선거의 가장 두드러진 특징은, 상대후보를 비방하고 공격함으로서 자신만은 마냥 깨끗한 듯이 포장하는 실상의 문제점이다. 자신의 실속을 바깥에서 찾는 사람은 자립의 힘을 갖출 수 없다. 이 바탕에는 시장성만을 좇는 바람이 있을 뿐이다. 인격을 체계적으로 다져 보다 위엄을 갖추겠다는 성정을 찾아볼 수 없다. 가장 일등의 피폐문제는, 사흘이 4일이냐? 반문하는, 진화 부재에 놓인 국민적 낮은 분해력이다. 금일(今日)이

금요일? 중식(中食)은 중국음식? 무운(武運)을 운이 없다 하는 수준이니...마음의 훈련인 사념(思念)을 기르기보다 대중만을 좇는 사념(邪念)을 지향하니...사회가 혼란스러울 수밖에.

예부터 책을 가까이 두고 공부를 해 두는 민족은 망하지 않는다 했다. 책을 읽지 않는 사람은 식견이 좁아, 만물은 하나의 귀속으로 움직인다는 깊은 속내를 알지 못 한다. 책을 읽는 사람은 사물을 더 진지하게 본다. 책을 읽는 사람은 사물의 언어를 들을 수 있다. 실험장인 세상일은 오차 범위를 좁히지 못하는 데서 성패가 갈린다.

문자로 기록된 것은, 그 자체로 혜안의 무게가 실려 있다. 책안에는 길을 안내하는 분야별 지식들이 담겨있다. 책이 무겁게 느껴지는 까닭은, 배움이 아닌 물건으로 취급하기 때문이다. 누구는 그릇을 닦으면서 머릿속 잡념을 몰아낸다. 창의의 시작이다. 아는 것에 책임을 질줄 아는 사람은 성현(省峴)에 이른 사람이다.

시간은 얼굴을 형성한다. 지식 역시도 내면의 모양을 키워낸다. 어제 없는 오늘 없고, 오늘 없는 내일은 없다. 현재는 과거의 연장이다. 사물은 언제나 변함없이 그 자리를 지키고 있으나, 인간은 늘 자리 이동을 한다. 무엇 때문에? 실타래처럼 얽히고설킨 사랑의 문제를 해소하려고? 사랑하는 건 좋은 일이다. 그러나 '지식이 없는 선함은 악하고, 선하지 않는 지식은 위험하

다.'

창조자는 자신의 작품인 창조물에 그마다 생명의 비밀을 불어 넣었다. 그 고유한 생명을 발굴하는 허락은, 그 비밀을 캐려고 연장을 집어든 미지의 누군가의 몫이다.

죄지은 자는 형벌을 피할 수 없다. 나만은 그 피해자에게 손도 대지 않았기에, 죄행을 저지른 불량배가 아니다 발뺌할지라도, 덕행 부족의 방관으로 행패 부리는 누군가를 말리지 않고, 기어이 상해를 입게 했다면, 인지상정의 관습에 따르면, 무언으로 기여한 공범에 해당된다.

어느덧 독수리 용맹 다 잃고 지팡이 걸음으로 용무 다니는 황혼 나이에 접어든 노인. 마당을 비추는 일흔 해째 보름달을 물끄러미 지켜보고 있다. 자정시간을 눈앞에 둔 노인은, 그동안의 여로의 발자취를 되돌아보는 회상에 젖는다.

인생살이는 늘 편안하지 않았다. 사회 환경에 맞추어 머리 쓰는 신사의 기술보다, 나만의 눈으로 세상만물을 보겠다는 심정으로, 줄곧 땅을 파고 덮는 노동으로 생계를 유지했다. 그 과정에서 마음이 지배당해 저지른 정신의 과오를, 눈에 전가하는 우(愚)를 낳기도 했었다. 1층에 사는 한 주민과 공치사 얘기 중, 이층 창문에서 겁 없이 갑자기 뛰어내리는 고양이 투신을 미처 보지 못한 식의, '무주의 맹시(盲視)'로 두 차례 사기꾼의 올무가 되기도 했었다.

 그러면서 친구들의 죽음, 크고 작은 재난에 재산을 잃고 풀죽으로 연명했던 친인척들의 오두막 생활, 오늘날 고려장인 양로원-요양원으로 보내지는 노인들의 쓸쓸한 여생을 숱하게 봐왔다. 때로는 불시에 당할 수 있는 그 불한당을 물리치리란 속셈으로, 옷 속에 숨겨둔 흉기 덕을 보기도 했었다.

 좋고 흉한 것을 분간할 수 있고, 맛있는 음식을 변별할 수 있고, 다시 노래를 부르며 남자나 여인의 성대를 분별할 수 있는 동안은, 노인은 지식에 뒤떨어지지 않으려 독서와 글 쓰는 작업 속도 멈추지 않을 것이다.

 '책이 없는 방은 영혼 없는 육체와 같다.' 키케로의 말이다. 살아본 인생에서 남은 것은 책 속에 담은 기록뿐이다. 그러므로 무상이 맞다. 그렇다고 아직 붙어있는 숨결의 삶을 놓아서는 안 될 일이다.

요지경 세상

　　　　　　　남을 속여 먹는 사기꾼이 범람할지라도 사람에게는 역시 사람밖에 없다.

인생이라면 자신을 다스릴 수 있어야 하지 않을까. 자신이 걸어온 인생에 기준을 두고 대인들을 상대하는 사람들 중에, 자신은 어떤 인물인지를 아는 면모를 갖춘 인원 과연 몇 명이나 될까? 자신의 이야기기를 현실로 들어주지 않는다며, 불만을 토로하며 다툼까지 불사하는 사람일수록, 삶의 질이 순탄하지 않음을 종종 발견한다.

사람은 누구나 태어난 고향은 단 한 곳이다. 먼저 개인적인 자성의 회한은, 한 권의 책도 끝까지 읽지 못한 삶이었지 않나 싶다는 쓰라림이다.

바쁘다는 말을 입에 달고 이리저리 부산 떠는 사람은, 제 신체인 손과 발을 자신의 소유로 삼지 못 하고, 매번 눈치를 굴려야 하는 타인들에 붙여 놓고 있다 해도 과언이 아니다. 상품을 팔아야 생계유지가 보장되는 표정관리의 웃음이라, 제 삶으로 살기 어렵다는 점, 사회 현상으로 충분히 이해하고도 남는다.

사람과 사람간의 근본 예절은 신뢰이다. 과연, 우리는 보듬는 이의 실천으로 끊이지 않고 불안감을 부채

질하는 사회악 질환을 재량껏 줄일 수 있을까?

　협력과 창조가 실종된 세상은 온통 돈 이야기에만 들떠있다. 미래의 꿈은 긍정에서 길러진다면서 예스맨을 양성하는 책들이 판을 치고 있단다. 성공하려면 인간관계를 어떻게 설정해야 하는지를 소개하는 책들이 인기를 누리고 있단다. 집을 고쳐주는 일을 해줬으면 당연히 챙겨 받는 수고비인 데도 불구하고, 이마 땀을 훔치며 "남의 돈 빼앗기 어디 말처럼 쉬운 가" 넋두리를 내뱉는 뒤로 무언가 허탈해하는 근로자들.

　지위 높은 출세를 위해선 힘이 넘치는 권력자에 줄을 맞춰 서야 하고, 돈을 벌려면 물주에게 허리를 굽힐 줄 알아야 한다는 설득이 그럴싸하게 들리는 사회전반의 목소리, 신물 솟도록 삭막하기만 하다. 박수 요란한 분위기와 정반대로 거리 웅변가를 향해 "방금 그 말은 사회 정의와는 거리 먼 혼자만의 공약(空約)일 뿐이오." 라는 외침으로 통념과 관례를 깨트리는 특이 성향의 사람을, 사회는 무척이나 껄끄럽게 부담스러워 한다.

　요지경 세상이다. 아차, 순간에 공들여 세운 탑이 일시에 무너지는 현상은 흔한 일이 돼버렸다. '아니며 말고' 식의 거짓 궤변들이 순진한 국민적 정서를 혼동으로 헤매게 하고 있다. 모든 일은 돈에 의해 변명되고, 씌워지고, 덮여진다. 정직, 소신, 공명은 위선, 협박, 불의에 묻힌 지 오래고, 어른들의 물때 탄 탈선을 본받아 아이들의 입에서도 폭력성 담은 쌍욕이 터져 나온다.

문제는, 제 배 채우려 악발을 쓰는 그 어른들이 자신의 그 그림자 행태를 개선으로 반성하지 않고, 그대로 밀고 나가면서 사회물결을 흐리게 한다는 거슬림이다. 어떤 이는 그 선례를 임의의 합법으로 방어하려 거품을 물고 뻗대기까지 한다. 화물선을 바다 복판에 무단 세워놓고 약탈을 해대는 해적이 따로 없다. 죄수들이 끊임없이 몰려드는 교도소가 미어터지는 이유이다.

남을 속여 먹는 능글 한 사기꾼이 범람할지라도, 사람에게는 역시 사람밖에 없다. 사람이 사람을 먹여 살리는 세상-떼려야 뗄 수 없는 한 유기체로 묶여있으니- 미운 정 고운 정을 주고받으면서 삶의 연령을 키우고 있다. 나만을 위해 산 것 같은 자동봉진(자율·동아리·봉사·진로활동)이 알게 모르게 남을 도왔다는 깨우침에 도달했다면 인생의 반은 성공한 셈이다.

사물의 이치(理致)는 참으로 중요하다. 물살은 돌을 닳게 한다. 착각을 하지 말아야 할 요 주의는, 경험을 내성으로 쌓은 아집은 자칫 무지의 오류를 범할 수 있다는 안타까움 이다.

식물에 정통한 어떤 학자가 들판을 다니다 부드럽게 살진 줄기와 잎을 드러낸 풀을 캐고 싶어, 때마침 눈에 띈 시골아낙에게 무슨 식물이냐고 물었다. 아낙은 서슴없이 냄새 없이 매운 초오(草烏)라고 대답했다. 이어, 몸통 검은 까마귀가 아아, 탄식하며 내뱉는다는 그 지독한 독을 머금고 있다는 설명도 덧붙였다.

사람과 돈이 붙는 복이 원체 없어 태생부터 홀앗이로 살아가는 매나니 운명으로 정해진 필자는, 누구의 도움 없이 오늘에 이르렀다. 그 허허벌판의 고립이 키운 생활기반은, 있는 만큼 쓰자는 신조였다. 그 한 가지가 음식물은 과잉으로 장여두지 말고, 며칠 내로 소비할 수 있는 분량만큼만 들이자는 귀착에 닿게 되었다. 부패되어 낭비로 버려지는 음식물을 생산하지 말자는 생활을 푹 익혔다.

  실상 필자는 숟가락-포크 각 하나로 40년 넘게 식사 문제를 해결해 왔다. 누구로부터 배운 것이 아니라, 일과의 환경에서 터득한 것이다. 이 덕분에 음식물쓰레기 자체를 모르게 되었다. 어떻게든 먹어치울 수 없는 닭뼈나 생선가시는 가끔 집밖으로 처리는 해도, 안으로는 밥 알 한 톨 흘리지 않고 깨끗이 비운 그릇을 설거지물에 담근다.

  생활쓰레기 배출량은 불규칙하나 대략 두 달 계산으로 10리터 남짓이다.

살해의 빌미가 된 돈

　　　　　　　　그는 심금이 끌리는 기색을 조금도 숨기지 않았다. 만족하다는 표시로 짝짝짝 박수에 이어, 엄지손가락까지 추켜세웠다. 무엇이 그로 하여금 조금 전 기분이 좋지 않다는 삐딱한 불량 자세에서, 이미 세상을 다 소유했다는 양의 함박웃음을 삽시에 머금게 한 걸까? 바로 인류가 공통의 목적으로 좇는 황금 때문이다.

　똑같은 물건이라도 어느 회사의 상표가 붙었느냐에 따라서, 국가 명의에 따라서, 매출액 판세는 크게 달라진다. 이미지 비중이 그만큼 널리 알려져 있기 때문이다.

　세계 각국은 환경오염을 불러일으키는 자연파괴를 무릎 쓰고, 눈에 보이는 당장의 실적이 요청되는 경제 쟁탈을 치열하게 벌이고 있다. 경제력 강화가 곧 국력이라는 면을 앞세워 그 이익을 좇아 외교를 흥정하고, 설사 지금은 인명살상이 높은 전쟁에 휘말린 나라 지원이 손해인 듯이 지출을 감내하는 입장이나, 그조차도 미래투자로 이해하고 있다. 인맥을 쌓는 과정에서 금전이 친구 역할을 톡톡히 하고 있는 셈이다. '불의한 재

물로 친구를 사귀라.' 성경 구절이다. (누가복음16:11)

분명 또 다른 삶이 있을 거야. 자본주의 사회에서는 돈은 곧 모든 것을 움직이게 하는 활력소이다. 그 영향력을 잘 알기에 어린 아이들조차도 얼마의 용돈을 쥐어줘야 심부름 가는 발걸음이 활기차진다.

이면에 도사리고 앉아서 사람들의 마음을 조정하는 귀신도 춤추게 한다는 돈은, 종교계를 부흥케 하는 거름일 뿐만 아니라, 식량 기근에 허덕이는 기아해결에도 필수의 처방이다.

그의 어머니는 남편 사별 후 떠안게 된 건설 회사를 판 그 돈을 한 종교제단에 몽땅 바쳤다. 그 결과 집안은 다복한 평화보다, 경제적 파탄이라는 빈곤의 수렁에 빠져들었다. 남편으로부터 해방된 자유 만끽인가? 자신의 안위를 교회에 의탁한 그 어머니에게, 두 형제는 집에 먹을 양식이 없다는 연락을 전화상으로 수차례 호소했다. 지갑을 소지하지 않아 아무것도 할 수 없게 된 어머니는, 암송해둔 기도만을 되뇌었다. 집안 살림의 구차를 감수하고, 제단창고를 채워 넣은 그 신심(信心) 담은 복종을 생각해서라도, 오병이어의 기적을 보여 달라 간구했을 것이다.

따뜻한 김이 모락모락 피는 밥상머리 음식 구경한지 오래라, 체중이 날로 감량되는 굶주림을 견디지 못하게 된 신체장애인 장남은, 스스로 목숨을 끊는 길을 선택하고 말았다. 형제 우애를 나누는 꿈의 행복을 한 순간에 잃고만 동생도, 형의 뒤를 따르는 시동을 몇 차례 걸었다. 그 뜻을 이루지 못한 그는, 그 극복 차원에서 해상자위대에 자원입대하여 그나마 생계를 안정시켰다.

누군가에게 피해를 끼치겠다는 마음을 품은 악마의 성질은 살기하다. 그의 사무친 증오심은 더욱 불타올랐다. 독기를 머금은 이를 연일 부득부득 갈았다. 좀처럼 마음을 다잡을 수 없는 환경의 직장을 그만둔 그는, 외로운 늑대의 생활에 자신을 투신했다. 그는 남몰래 실행연습에 들어갔다. 인터넷에서 습득한 총기 만드는-한때 근무했던 직장에서 나름 익힌 경험과 합치한 기술 조립에 열중했다. 자택과 별개로 임대한 아파트에서 화약을 말리는 한편으로, 산속에서 사제 총 실험발사도 수차례 반복했다. 위력과 성능을 시험하는 개량의 과정이었다.

어머니가 전 재산을 바친 신흥종교는, 한국인에 의해서 설립된 후 일본으로 건너왔다. 이윤 추구로 설립된 사회기업 몇 그룹도 거느리고 있는 그 종교의 대표적 행사가, 세계의 인종을 섞는다는 합동결혼식이다.

그 교단설립자 사망 이후, 그의 아내가 몸집 커진 공동체를 주도하고 있다. 그 유능한 호화로운 인물이 집회일정에 맞춰 일본을 방문한다는 언론보도를 접한 그는, 당일 그 행사장을 찾았다. 그러나 품안에 숨겨둔 폭약은 끝내 터트리지를 못하였다. 워낙 많은 사람들에 갇혀 눈만 있고, 주먹은 쓰지 못한 쓴맛을 봐야했다.

그 기회를 아쉽게 놓치고만 그때 그 시간부터 4년이 지난 시점에 기회가 찾아왔다. 막바지에 이른 참의원 선거 유세거리에서 그 대상을 잠정 정한 것이었다.

그는 사전에 한 종교건물에서 총기성능을 시험했다. 그러나 상당한 경비는 실행을 가로 막았다. 다음날, 보다 자신감이 붙은 그는 정치선거 유세로 시끄러운 거리일대를 주도면밀하게 살폈다.

그는 어깨가방 속에서 꺼낸 사체총기의 장착을 마쳤다. 그리고 7-8미터 거리인 목표물을 향해 방아쇠를 당겼다. 상당히 더운 7월의 날씨인 데도, 검은색 양복을 차려 입은 노신사는, 움찔 놀라며 잠시 마이크연설을 멈추는 듯 했다. 그 3초 후, 두 번째 총성이 울림과 동시에 노신사는 그대로 길바닥에 쓰러졌다.

군중들의 시선은 과다출혈로 응급조치를 받는 노신사에게로 일제히 모아졌고, 그 뒤편에서는 한 팀에서 재빨리 갈린 경호원 2명이 남색티셔츠 차림의 남성을 거칠게 제압하고 있었다. 해 뜨는 지구 최 동쪽 군주국가 최 장수총리를 역임하면서, 전 세계로 이름을 널리 알린 일급주요 요인은, 급히 이송된 병원도착 몇 시간 뒤 눈을 감았다.

총격 범은 경찰심문에서 어머니가 미치도록 빠져있는 그 종교단체를, 동영상 축하연설로 옹호한 정치인의 분노였음을 자백했단다. 그 종교는 교주(教主)국 한국교회와 마찬가지로 일본에서도 사이비 종교이다. 그럼에도 그의 어머니는 그 종교를 믿는 신앙유지를 밝힌 터이다. 종교는 이처럼 사람의 영혼을 붙들어 매는 아편 같은 신비의 매력이 있다. 그래서 신심이 깊다는 사람은, 어떤 경우에서든 배교를 않겠다는 다짐을 굳힌 사수를 가학으로 지켜낸다.

심령의 그림은 일종에 소망의 환상이다. 그 희망을 건 자의적 믿음에 풍선바람 불어넣듯이-애써 부풀리며 실물처럼 머릿속 자리에 잡아 앉혀두는 것이 환상이다. 육안으로 볼 수 없는 무 실체와의 거리가 멀수록, 믿음으로만 새긴 사모의 신령은 더더욱 간절해진다. 경계를 해야 할 대상은, 구원의 내공을 갖추지 않은 무임으로 그 반열에 끼어 앉은 사람이다.

종교는 천차만별의 인간들에게는 위안이 높다. 종교는 사람의 인성을 신실로 가꿔준다. 심신의 안정을 넘어, 행위의 평안을 안겨주기도 한다. 이 바탕에는 경건을 도모하는 기도와 예배 행위가 필수로 병행된다. 종교의 중추 행습이다.

가시에 찔리면 그 부위를 감싸 쥐며 눈물을 흘리는 인간은 풀잎처럼 연약하다. 이 약함으로 힘이 센 상대방을 향해 타도를 외치는 투쟁 속에서 그 밖의 이상을 그리는 인간. 그 환경의 혼돈으로 감정기복이 심해 변덕이 잦다. 그래서 신성을 씌운 신을 옹호하며 제단 앞에 모여든다. 나무, 또는 바위-짐승들을 신으로 섬기는 미개인들도 있다. 그러나 안팎으로 내세운 신을 중심에 두고 있다고는 하나, 저마다 죄질을 안고 있는 인간이 모이는 공동체라, 이런저런 복잡한 그 인간들의 여러 문제로 크고 작은 사건-사고들이 꼬리에 꼬리를 물고 발생한다.

  종교의 생명은 돌을 떡으로 먹게 하는 기적의 설교에 달려있다. 믿기만 하면 독극물을 마실지라도 죽지 않는다는 매혹의 초월설교는 심금(心琴)을 울리는 데서 비롯된다. 이토록 매끄러운 기름 발린 유창한 말솜씨로 사람들의 넋을 빼앗는 집단이 종교이다.

  종교는 헌금을 많이 낸 신자들을 특별대우로 섬긴다. 몇몇이 앙심불량으로 저지른 해악(害惡)을 빌미 삼아, 전체 종교를 악마로 보는 것은 무리인 줄 안다. 그러나 신자 수가 곧 돈으로 환산되는 가정불화의 원흉이라면 이야기는 달라진다.

  그럴 듯한 모양새만 갖춘 사이비 가짜들이 판을 치는 세상이다.

인생은 어차피 나의 몫이다.

 전날 저녁에 마셔둔 적지 않는 양의 물은, 소변 문제를 불러들였다. 이로 인하여 자주 깨 깊은 잠을 이루지 못했던 지난 밤. 그 사이에 날이 바뀌면서 월요일 아침을 맞았다.

수면 부족으로 가수(假睡)에 잠긴 정신머리에, 운감이 썩 좋지 못한 찌뿌둥한 울적함이 밤안개로 덮인다. 가스라이딩(심리적지배)으로 기초적 사리판단이 실종되어, 정함의 경계가 무너진 몽롱한 우울증 고립이 다시금 시작된 것이다. 위급 상황인 심폐정지와, 육체적 이탈이 맞물려-나와도 의사소통이 전면 단절된 최악의 심신미약 상태-고유의 주체가 상실된 가운데, 근육경련이 지속되는 심신에 저주를 퍼붓는 공격성이 맹렬하다. 모든 걱정, 악의, 짜증, 강박관념이 반복해서 긁고 할퀴며 괴롭힌다. 세상 전체가 불행으로만 뒤덮여있다. 이런 날에는 우울한 기분을 날려 보낼 산책도, 일을 해서도 안 되는 기현상에 시달린다. 책 읽기 역시도 기력이 축 늘어져 책을 피한다. 할 수 있는 게 아무것도 없다.

원 안이나 불빛 한 점 없는 캄캄한 환경, 개차반이 인성파괴의 발악을 부리게 한다. 지평의 끝이 안 보인다. 냉정해질 수가 없다. 무디어진 이해력-불확실한 가설조차 분별해 내지를 못하고 부하게 막힌다. 실체를 바로 보지 못하고, 무위한 허상만을 뒤죽박죽 좇고 있는 꼴이다. 평형감각을 잃은 머나먼 동서남북. 어떤 일반적 공평에도 초점을 맞추지 못하고, 생떼 고삐에 사로 잡혀 이리저리 끌려 다닐 뿐이다. 길 잃은 방황으로, 의중은 이미 부정의 검은 세도에 만신창으로 풀어 헤쳐진 상태이다.

　보존의 의식마저 명멸로 꺼져가는 지각, 나약해질 대로 나약해진 폐색의 열등감. 신변을 지키는 촉수도 까맣게 소실된 두뇌, 종이 한 장도 정상적으로 주워들지 못하도록 뻣뻣하게 굳은 정신마비, 모든 동력의 기능이 호흡곤란에 빠져든 불안정 장애, 절로 꺾인 고개 가슴팍에 붙는다.

　주의력이 결핍된 속으로 칠흑의 사색(死色)이 정신을 망각으로 밀어 넣는다. 정지되어 아무것도 볼 수 없는 동공-지금 여기서 목을 매달아 인생 전부를 끝장내야겠다는-비통한 절망감이 운신을 바싹 조인다. 그렇게 침륜으로 빠져든 사기는, 앙상한 뼈대로만 남아 쌩쌩 부는 찬바람에 떨고 있다. 그럼에도 대비를 않는다. 아니, 아예 대응을 잃고 있는 처지이다. 압박의 자포자기에 짓눌려있기 때문이다. 도무지 감이 안 잡히는-이상한 불길의 작용에 아무 저항도 할 수 없는 무기력, 이윽고 입 벌려 대기 중인 사(死)에 잡아먹힌다.

　공포불안증은 혼돈의 암흑세계만을 보게 한다. 숨이

막히는 저 세상의 어둠을 더듬더듬 기는 핏빛 안색. 내 자리인 그 안방 아랫목에 버러지만도 못한-할명(割名)의 자괴심을 안고 있는-인생실패에 따른 짜증의 격분이 길게 엎드려있다. 자신 학대가 극에 달해진다. 광기의 격심이 격정으로 날뛴다. 사나워진 정신머리는 파괴성 살생을 머금고 있다.

검은 복장으로 전신을 가린 악마의 지랄방정. 그 성가시게 들볶는, 거짓농락의 손아귀에서 놀아나는-기독교인이면서 기독도가 되지 못한 허무한 인간. 태생부터 헐벗은 가난을 안고, 오늘날까지 메마른 사막 복판에 홀로 내버려진 황량의 신세를 벗지 못 하고-목마른 허허 벌판에서 이러지도 저러지도 못 하면서 삶을 열어젖히지 못 하는 무능한 실족 인간. 그 길을 끝내 찾지 못한 낙오의 미로에서, 자신을 내동댕이친 무용지물의 인간. 본연의 의기를 꺾고, 차가운 바위벽면에 갇힌, 햇살 한 점 들지 않는 협착한 골짜기 내를 울화통으로 뒤죽박죽 헤맨다. 괴로운 침통만을 연시 내쉬는 그 입에서, 흉계의 조작을 내려 삶의 부정으로 치닫게 하는 악마를 대상한 욕설이 신랄하게 내뱉어진다.

"칼날로 갈기갈기 찢어 발겨도 시원치 않는 악랄한 놈."

다시금 존재를 지우는 외에 다른 선택은 없다는 극단의 비관, 기력은 더더욱 힘을 쓰지 못 하는 비탄의 칠흑에 삼켜진다.

세상물정에 어두운 순박성은 이렇게 형성됐다. 글쓰기에 운명을 건 온순함도, 이 기반에서 비롯되었다. 그러면서 어느덧 볼 품 없는-기운이 쇠해진 노경(老境)에 이르렀다. 그 인생에서 현실로 남은 건 현재의 순간일 뿐이다.

그나마 호흡의 의식은 살아있어, 식사 전 연거푸 마신 두 잔의 커피로 우울증기분을 달래본다. 어떤 전환의 도움인지, 죽음의 선택을 버린 침울한 고문에서 차츰 깨어나는 계기를 맞는다.

무 존재의 암울한 비관은 꼭 나쁜 성질만은 아니다. 당면의 문제를 좀 더 들여다보게 하면서, 그 해답에 접근하도록 지혜를 동원시킨다. 어른스러워지는 성찰로 이끈다.

인간에게 동물적 유전이 있다는 차원을 넘어, 물질만능이 복합적으로 답습된 인간의 다양한 병세질환, 실로 무섭다. 동정과 제휴된 관습의 질서를 파괴하는 사회악에 전류가 흐른다. 묘약의 속임수를 써서, 여러 명의 피땀의 돈을 거저 등쳐먹는 극악무도한 전세사기. 지조의 이념보다 패거리로 몰려다니며, 나라를 사분오열로 찢어놓는 함량미달의 사이비 정치꾼들. 극에 달해진 오만에서 내뱉는 쌍욕의 막말들. 백주대낮에 살인을 저지르는 현장장면을 여과 없이 그대로 생중계하는 불량 콘텐츠. 생떼부리 악다구니로 남의 가슴에 못을 박고도 두 눈 딱 감고, 그 책임을 피해자에게 떠넘기는 막가파

식의 사고-사건들이 꼬리에 꼬리를 물고 연일 발생하고 있다. 도대체 생명 존중이 안 보인다.

오늘날 우리 사회가 이 방향으로 힘차게 달려가고 있다. 우세해져서 또 다른 능력자를 짓밟는 무서운 사회. 세상이 어떻게 돌아가든, 나만은 해질녘까지 찬란하게 즐기면 된다는 망상의 주류 사회. 물질 병에 빠진 사회 전체의 뼈를 깎는 각성이 요구된다.

의식은 서로의 안에서 사는 것. 깊은 신뢰는 믿음에서 우러난다. 부부 간, 형제 간, 친구 간에는 신뢰가 깨지면 그 앙숙은 걷잡을 수 없이 흉하게 거치러진다.

언로보도로 접하는 간접적인 현상이긴 하나, 과거 고요한 아침의 나라로 불렸던 시절이 향수로 그리운 오늘날이다.

세상이 한 치 바닥 들여다 볼 수 없을 정도로 혼탁할지라도, 인생의 책임은 어차피 나의 몫이다. 아무리 사랑이 넘치는 부모도, 두 몸이 한 몸인 부부-한 피를 나눈 형제일지라도, 내 삶을 대신해 살아주지는 못 한다. 인간은 언제까지나 여러 모로 제약을 받는 한낱 육체일 뿐이다.

나는 글로만 사회성 야만을 규탄하는 책상머리 작가로 군림하고 싶지 않다. 그 복판에서 뭇 사람들과 한 동체로 어울려, 그들부터 혜안을 일깨우게 하는 것이 곧 나의 진면목을 갖추는 일기의 기쁨인 점을 깨닫기 원한다.

이 난세 속에서도/본분을 잘 지키고 있는 친구여/내 어찌 그대를 잊을 수 있겠소/좌우로 치우치지 않고/주어진 일 묵묵히 수행하는 그 감사에/난 오늘도 그대와 정신적으로 동행하고 있소/친구여, 그 자자한 경찬 언제까지나/유지하길 기대해 마지않네."

무명의 서러움

　　　　　　　　필자도 일 중독자이다. 누구의 청탁도 아닌, 그냥 하고 싶은 이야기 글을 담는 문학작품일 뿐인 데도, 그 원고 량을 채우려 시간에 쫓기는 듯이 아주 열심히 혼신을 다해 매달린다. 주파수를 고정으로 맞춰둔 라디오 클래식음악을 벗 삼아 들으며, 며칠 씩 집밖 세계와 단절하고, 샘물처럼 솟아오르는 분출의 글을 쓴다. 주로 낮에 보다 밤에 글이 잘 쓰이는 편이다.

　누구에게는 낭만적 시간일 수 있겠다 싶은 이 우물 안 개구리생활에 빠져들면, 사람들을 만나는 횟수는 어쩔 수 없이 소원하게 퍽 줄어들 수밖에 없다. 그래서 정형적 주거지-다니는 인적 수 적고, 산 숲 공기 맑은 이 동네로 이사 온지도 어느덧 삼년을 넘기고 있는 데도, 안면을 튼 이웃이 한명도 없다.

　한 동의 오층 건물 11가구 전체 주민 누구나 출입 때마다, 내 집 앞 이층복도계단 대리석면을 꼭 밟고 지나다닌다는 건 눈감고도 아는 상식이다. 그런데도 거리 먼 듯이 가벼운 인사라도 나누는 이웃을 사귀지 못했다? 같은 층이라 열고 닫는 문소리를 절로 듣게 되는 바로 옆집의 주민이 어떤 인상착의의 사람인지조차도 여적 알지 못한다? 딱 한번, 외출에서 돌아온 어느 날

오후 녘에 뒤를 따르는 인기척에 돌아본 옆옆 집 여성 한 명과만 몇 마디 나눈 인사치레 대면이 전부이다. 그럼에도 필자부터 문을 두드리지 않는 이상 서로를 볼 수 없다는 불일치 분위기, 뒷짐을 지고 깨려는 시도조차 않고 있다.

  8월의 첫 주말. 필자는 작심하고, 시계(視界) 인근인 서울 끄트머리 집을 나섰다. 버스에 몸을 싣고, 서울신문사 앞에서 내려, 동아일보사건물을 지나 교보문고를 찾았다. 지난봄에 몇 권의 책을 사고 쓰다 남은 복지누리카드 잔액처리 건으로, 표지제목들이 현란한-온갖 책들로 꽉 채워진 이곳저곳 책장을 둘러보다, 공용컴퓨터를 열어 지난주에 상용화되었다는 전자책 『신을 찾는 사람』의 제목을 쳤다. 존재자체가 뜨지 않는다. 검색이 안 되었다. 기분이 푹 가라앉는 실망감을 저변에 깔고, 책 사는 행위를 포기하고, 이내 서점을 나와 버렸다.

  교보문고에서 입은 피상의 낙심은 이뿐 만이 아니다. 재작년 연말에 출간한 필자의 종이 책인 장편소설 『삶의 숨결』을 서고에서 아무리 찾아도 안 보이기에, 계산대직원에게 문의를 하게 되었다. 여직원은 컴퓨터조회를 거쳐 자리를 옮긴 그 옆 계산대선반 밑 칸에서 한 권의 책을 꺼내 들고 와서 고객에게 건넸다. 그 직원에게 왜 신간인 데 서고에 꽂혀있지 않고, 누구도 볼 수 없는 구석에 처박혀 뒀느냐 물었다. 재고로 밀려난 때문이라는 답변을 들어야만 했다. 신간일지라도 서고에 진열한들 자리만 차지하는 책이라, 일찌감치 치웠다는 해석에 닿는 뼈저림 말이다.

어이가 없었다. 두성(頭聖=혼자 깨어 성인이 된 사람) 사람의 기분이 이럴까? 누차 얘기지만, 필자는 시간공백을 메우려 이제까지 글만을 써온 것이 아니다. 취미 삼아 소일거리로 즐기는 아마추어처럼, 요소가 사라지면 제멋대로 들쭉날쭉 그만두는 짓은 하지 않고, 프로페셔널(professional=전문가) 반열에 오르는 사명에 모든 것을 바쳤다. 잔뼈를 굵게 하는 데 영혼의 피까지 몽땅 짜내며 견지를 지켰다. 그런데도 아무도 알아주지 않는 서러운 무명인으로 남아있다. 조도를 잃을 수밖에...

서점 계 꼭 지점이라 할 수 있는 이곳에서 책이 팔려야, 네트워크로 연결된 전국 서점에서도 책의 존재를 알게 되는 법인 데, 그 자체부터 생성이 죽어있다...? 독자들이 읽을 만한 책인지 여부를 떠나, 필자의 열 권 넘는 책명 전부는 이곳에 다 등재되어 있다. 금년 4~7월 사이로 전자책 5권을 더 출간하여, 이미 소개로 올려 진 뒤이다. 그렇다면 집필의 진기록이라 할 수 있는 5권의 책 역시도 별 볼일 없이 사장(四葬)부터 밟게 됐는지 모를 일이다.

독자들의 선택을 받지 못한다면 가망 없는 참패는 불가피하다. 어떤 상품이든 소비자의 눈에 띄지 않으면 살아남을 수 없다고 봐야 한다. 눈에 띄지 않는 상품은, 존재자체가 아예 없는 것이나 다를 바 없기 때문이다. 추운 고독한 음지에서, 그나마 게슴츠레 뜬 눈으로 기를 살리는 서광을 보려 펜을 놓지 못하는 작가의 독립정신을 시들게 하는 비운의 흑점이 진정 아닐 수 없다.

실상, 전자책 판매를 일임한 유페이퍼에서 매달 보고로 올리는 금액은 아주 소액이다. 한두 끼니 외식에 불과한 낭인(浪人) 꼴이다. 그토록 수년을 걸쳐 써낸 작품인 데도, 무명작가 신분을 벗지 못하는 이유 중 하나의 측면이 밝혀진 셈이다. 내 안의 빛인 기쁨이 가물가물 꺼진 자리에 다시금 병적으로 절필이 꿈틀거려진다.

물론, 여기에는 출판사의 사활을 걸고 여기저기 광고 올리는 영업을 전혀 않고, 오직 서점판매만 기대하는 안일함의 책임이 너무 크다 할 수 있다. 그렇지만 출판사(지식재산권IP) 가치의 체통을 끌어올리려면, 일단 책이 팔려야 숨통이 트이는 방향이 잡혀진다. 그 자본을 기반 삼아, 분야 별로 필요한 유능한 직원을 영입하여 보다 넓은 시장을 열어야 한다. 그렇지만 지금까지의 전철처럼 비탈의 펄프처지라면, 책만으로 사회적 성공을 불러들이겠다는 꿈은 요원에 빠질 수밖에 없다. 위 5권의 전자책을 종이책으로 출간하지 못하고 있는 까닭도, 그 작업비용의 투자 여력이 밑바닥이기 때문이다.

이런 취약의 연장선상에서 다시금 내일의 암담함이 덮여왔다. 지난 해 12월 하순경에 예술인원로들의 창작열을 경제적으로 돕는다는 일괄취지로 접수 중인 종로

구동숭동 현장건물을 직접 찾아 컴퓨터로 작성한 항목의 서류를 남겼었는데, 그 한 달여 만에 서울문화재단 측에서 결과를 알려준 전화기문자는, 미 선정됐다는 소식이었다. 그것도 안면의 사람들 간에 설날의 덕담인사가 아직도 오가는 중인 새해 벽두-하루 시작인 새벽녘에...

　사면이 꽉 막혀 햇살 한 점 들지 않는 깊은 골짝, 으스스 떨리는 몸 피할 공간도 없다. 진정, 내게는 발을 내딛는 미래세계 영영 보여 지지 않는 걸까? 자유를 향한 갈망, 진실을 향한 갈등, 성장 동력의 힘인 돈, 나와는 아득히 멀 뿐이다.

문단에서 모르는 작가

셋째 주 금요일 오후 7시. 이날의 정기모임에 맞춰 참석한 인원수는, 대략 20여 명 남짓이다. 드문드문 나타나는 인물이나 새 얼굴은 없고, 모임 날을 기억했다 자리를 꼬박꼬박 빛내주는 모범 회원들뿐이다. 진행은 예전과 똑같다.

오늘 처음으로 모인 장소는, 옛 파출소 자리이다. 치안소관에서 벗어난 이후, 구청관할 공유 공간으로 탈바꿈된 낡은 이층 건물이다. 외벽은 은행나무 무성가지에 일부 가려진 타일이고, 내부는 옛 파출소 구조 그대로이다. 이 장소 사용을 위해 필자는, 설명회 날에 몇몇 소모임 단체들과 이름을 올렸다. 문인협회의 전용사무실로 쓰겠다는 궁극적 목표에 따른 선발이었다.

그동안 문인협회 월례회는 매번 바뀌는 일반식당에서 개최했다. 음식을 먹으러 들어왔다 나가는 그 손님들 틈새에서 회의를 한다는 점이 안타까웠다. 어느 식당에서는 무엇 때문인지는 모르겠으나, 음식물이 잔뜩 차려진 밥상에 구둣발이 들이 밀어지는 대판싸움이 있었고, 다른 날 이층식당에서는 초대 받아 참석한 외부 손님에게 면박을 던져 일찌감치 자리를 뜨게 하는 무례도 봤다. 소위 지식인들이라는 사람들의 이런 무지막

지한 개차반 행패는, 영역 차지를 놓고 고래고래 주먹다툼을 벌이는 양아치와 별반 다르지 않았다.

필자에게는 꿈이 있었다. 언제든 자유롭게 만나 차를 마실 수 있는 고정 장소에서, 주민들을 대상한 시 낭송 및 문학을 전수하고 싶다는 강력한 의지가 그것이었다. 우리끼리 독립의 교육장을 만들어 후학 양성은 물론이고, 문학의 향기를 마음껏 날려보자는 취지를 담아 오늘 처음 이 장소에 모인 것이다. 그러나 시점부터 그 꿈은 산산조각 깨지고 말았다.

서울지하철 기관사 일을 보면서 아동을 대상한 글을 쓴다는 회장은, 필자와 그 며칠 전에 데면데면 나눈 내용들을 임원회의를 거치지 않고, 마치 확정된 사안인양 일방적으로 광고로 발표했다. 그 해명을 위해 앞으로 나가 마이크를 잡은 필자는 구체성은 좀 더 들어봐야 하나, 장소사용 허락을 내린 구청 측에서 지원하겠다는 얼마쯤의 재정바탕에서 공익적 문학교실을 열겠다는 포부를 밝혔다. 그러자 그에 관한 몇몇의 진땀 빼게 하는 질문이 있었고, 그 말꼬리를 잡은 두 남녀회원의 입에서 번갈아 그 재정 어떻게 마련할 거야-자세 삐딱한 낯빛 기운으로 물고 늘어졌다. 이 배후에는 필자의 돈 없는 가난을 지적한 것이기도 하였다. 그 점에서 필자는 문인협회 차원에서 모든 절차를 밟고, 단 필자는 문학교실 발전을 총괄로만 관리하겠다는 답변을 거듭 소개했다.

그 두 남녀회원에 발 맞춰 뒤늦게 사이를 비집고 들어온 남자회원의 반대에 반대도 끈질겼다. 사사건건 동의할 수 없다는 발목잡음이었다. 긍정이 발전을 도모한다는 보편을 깬 극렬한 부정이었다. 먼저, 한 패로 몰아붙인 두 여성은 모임의 인사 뒤로 남을 험담한다는 비정상의 성격을 일찍이 소문으로 들은 터이다.

감정의 열이 뜨거워지도록 기분이 상해진 신체는 비틀비틀 흔들렸다. 주체를 잃을 지경으로 내몰렸다. 필자는 그 즉시 현 시간부터 회원탈퇴를 하겠다는 선언을 단호하게 내질렀다. 그리고는 어수선하게 회의를 마친 후, 아무런 발언을 하지 않고 묵묵히 자리를 지켜준 몇몇 회원이 덮고 함께 가자는 식당 행을 거절하고, 그들과의 관계를 일체 끊었다. 이후 필자는 문단에서 모르는 작가로 분리됐다. 문학계 쪽은 쳐다보지도 않게 되었다.

문인협회도 지역 단체라 구청에서 재정지원을 받고 있는 것으로 알고 있다. 그 대표적 사례가 해마다 개최하는 오월의 시화(詩畵)전, 가을야유회, 년 호 동인지 발간 때이다. 그렇다면 저희들끼리만 놀지 말고, 새로운 물이 채워지도록 회원발굴과 문인협회 존재를 알리는 일에 힘을 써야 하지 않을까? 사회적 자각이나 인식도 없이 그저 저희끼리 밥만 먹고 헤어지면서 문학의 질을 한없이 떨어트리는 저들이다.

이렇게 그들과 홀로 떨어져 지내게 되면서 확연하게

느낀 피부 적 감흥은, 한 밤중에만 볼 수 있는 별빛 세계의 아름다움에 더더욱 도취되었다는 환희이다. 나름, 사명의 목적이 더욱 분명하게 강해졌음을 자인한다. 때때로, 외로운 우울증이 무기력에 빠져들게 하긴 하나, 문장을 엮는 융성흐름 전에 없이 털레털레 좋아졌다는 자랑이다.

하나도 안 무섭다 자부하는 이 밤길의 실상의 이면은, 극한의 고독과의 싸움이다. 문학으로 어떤 발전을 도모하여 사회와 협력할까? 대의의 고뇌보다, 맞춤법 및 띄워 쓰기의 기본도 제대로 갖추지 못한 얄팍한 문장으로, 문학의 질을 떨어트리는 감을 놓고, 저희끼리 어디서 어떤 창작지원금이 나오지는 정보교환에만 귀를 기우리는 해바라기성 무리와 뒤섞이지 않고, 나의 존엄을 굳건하게 지키려는-어느 한편으로 치우치지 않겠다는 중립의 몸부림은 이토록 심리적 고충이 크다.

자물쇠나 빗장으로 걸어두지 않고, 끝까지 나의 신조를 지켜나가면서 어둠을 밝힐 것이다. 다른 이들의 의견은 존중하되, 나의 가치를 변질시키지는 않을 것이다. 선비는 아무리 추위도 곁불은 쬐지 않는다 했다. 직업적인 행위는 사실상 없으나, 아무에게도 방해를 받지도 끼치지도 않는 가운데, 심신의 안정이 깊어 고상함의 지평이 넓어지는 무해한 글쓰기 작업은, 서재에서 펜을 들기만 하면 된다.

작가의 이면

"하여간 선생님은 이 세상에서 가장 행복한 사람이세요. 부러워 죽겠습니다."

이모저모의 사고-사건으로 파손이나, 고장 난 차량들을 시일 내 고쳐 주고, 비용정산을 마쳤으면 열쇠를 돌려받은 그 차주로 하여금 운전대를 다시 잡게 하는 정비소사장이 불쑥 내뱉은 한마디다. 그 사장의 입에서 이 말이 새어나온 까닭은, 생계를 위해 온종일 매달려 있어야만 하는 이 사업 자체가 워낙 복잡하고, 여기에 저마다 개성에 따른 주장들이 서로 다른 5-6명의 직원들 관리 문제도 함께 들어있기 때문이다. 가장 큰 고통의 위축은 그들의 잦은 이직이다.

필자는 언제던가? 배 나온 작달막한 신장의 사장에게서 걱정근심을 다 끌어안은 어두운 낯빛으로 컴퓨터 화면을 들여다보며, 밀린 서류를 정리하고 있는 것을 본 적이 있다. 일에 묻혀 사는 사람의 심경 복잡의 반영이었다. 처녀시절 때부터 보아온-두 유아의 엄마인 딸이 일주일에 한두 번 정도 비정규로 짧게 출근하여 사무를 도와주기는 하나, 그 외의 날에는 혼자서 내외의 모든 업무를 처리해야 한다. 그러니 오랫동안 골치

아픈 온갖 관계의 난제에 짓눌려 있는-그 머리를 감싸 쥔 누적의 스트레스가 상당히 높을 수밖에. 그럼에도 불구하고 사장은 누구에게나 개방해둔 사무실을 찾는 손님, 또는 낯익은 지인들을 변함없는 친절로써 반겨준다.

필자가 시간이 된다 싶을 때, 부담 없이 손질이 쉬운 믹스커피를 마시려 그 정비소를 드나든 지도 벌써 8년의 세월이 넘어가고 있다. 그때마다 필자는 무엇에든 쫓기지 않는 느긋한 면모를 보였다. 직업이 사람을 만든다는 말처럼 의식적인 꾸밈이 아니라, 자연스레 다져진 인습행위의 점잖이다.

글 쓰는 작가의 자유는 입담도 활발하다. 책을 멀리하는 일반인들의 좁은 어휘력에 비해, 작가의 생동 넘치는 언어구사는 상당히 넓다. 언젠가 그 장소에서 지인 몇몇과 주고받는 얘기들을 본의 아니게 엿들은 어떤 낯선 이가, 필자의 폭 넓은 지식에 탄복하는 소리를 들은 적도 있다. 그러니 업무에 시달릴 뿐 아니라, 때론 손해 분을 따지는 언성을 높이는 싸움도 불사해야 하는 사장의 입장에선, 필자의 항상 여유 만만한 행적이 부러울 수밖에 없었을 것이다.

사실, 필자는 사람들에 매여 있지 않아 자유분방의 생활을 즐기고 있다. 창작의 글을 쓰는 작가는 자유정신을 추구한다. 언제든 가고 싶은 지역을 여행 삼아 훌쩍 나설 수 있을 뿐 아니라, 주머니 사정에 따라 선택하여 먹는 음식도 다양하다. 그래서 필자의 격이 풀린 성향은, 어린아이다운 면이 다소 배어 있다. 인물에 맞춰 좀 가리기는 하는 편이나, 초면인 사람일지라도 한 장소에서만은 터놓고 붙임성을 발휘하는 편이다. 음식 자리에서는 그보다 더 조우의 친밀성이 빨라진다. 이 때문에 나이에 비해 어려 보인다는 말을 많이 들었다. 직장에 다니면서 성악가 꿈을 키우는 어떤 후배는, 그때까지 불확실한 대충의 짐작을 뛰어넘는 필자 나이를 듣고 깜짝 놀라기도 하였다.

그러나 손에 쥐가 나도록 펜을 놀려야 하는 작가의 골방은둔은, 일반인들이 창문 너머로 들여다보는 사모만큼 초원의 네잎클로버의 행운과는 거리가 멀다. 혼자 끙끙 앓아가며 얼개를 엮는 작업이라, 자멸(自滅)의 외로움을 많이 탄다. 소위 우울질환의 낭만이다. 출간 책이 안 팔리면 그 강도는 더 세지면서, 정갈한 문장을 다지려 기나긴 시간을 투자한 그 필력(노동)의 수고비는 고사하고, 지출한 외주비도 건지지 못하는 비극의 적자 계속 밀고 나가야 하나? 회의에 곧잘 빠져든다.

이 끝없는 궁핍의 고충을 상기할 적마다, 필력의 길을 걷게 된 것에 대한 후회의 한을 거듭 되뇐다. 아마, 그래서 도무지 떨쳐낼 수 없는 이 구차한 분노를 덮으려 이야기 친구를 찾는 이유가 된 것 같다.

자구적 눈을 떠보려는 시도

 '돈에는 관심 없다?' 자문으로 떠올린 이 말이 분명한 가식으로 들린 까닭은, '땅의 소산물을 먹는 똑 같은 인간인데...' 인류 보편의 저면을, 나만은 예외로 그렇지 않다는 식으로 자신을 애써 숨긴다는 의구심이 고개를 들었기 때문이다.

 돈 없이 사는 사람은 아무도 없다. 다시 말해 요술 장난이 보통이 아닌 돈이 필요치 않는 사람은 진정 아무도 없다. 청렴의 상징인 무소유 자들도 닳아 밑창이 뚫려 더 이상 발을 보호해 주지 못하는 신발을 새것으로 바꿔 신으려면, 그에 맞는 금전을 마땅히 지불해야 한다. 비용을 지불하면 환대의 관심도는 높아지기 마련이다.

 농부는 땅 농사로 곡물을 생산하여 인류를 먹여 살리고, 기술을 갖춘 손재주 사람들은 제품을 만들고, 그 상품을 시장에 유통하는 사람들은 상인들이다-정도의 상호 관계만을 고작 알고 있는 필자는, 심리적 힘을 넘어 많은 사람들에 인간다운 삶을 누리게 하는 경제에는 전혀 문외한이다.

 경제는 체온이 떨어진 누군가를 안아서 이 말을 해주면 자존감이 높아진다는 채식주의자들의 정서와는 상당한 괴리가 있다. 경제의 이미지가 살생을 마다하지 않는 아귀다툼이라면, 정체를 깨우치도록 정신을 어루만져 주는 인문은, 돈의 개입은 인성 사납게 한다는 부정론에 귀착되어 있다.

습관은 누적의 결과물이다. 돈의 위력은 대단하다. 이익만을 좇는 사람들을 모으게 하는 힘은 과히 폭발적이다. 그 등급에 서보려고, 사람들은 오늘도 크고 작은 돈을 벌려고 근무일터에서 노동력을 바치고 있다.

경제의 위험 요소는 불확실성이다. 앞을 내다볼 수 없는 불확실성은 불안감을 안겨준다. 미국의 강도 높은 긴축 움직임에 세계금융시장이 요동을 치는 가운데, 국내 증시도 휘청거리는 물결을 타고, 2022/09/26 기준 원·달러 환율이 무려 1,430원을 넘어섰다는 언로보도를 봤다.

가난의 나락으로 추락하지 않으려 몸부림치는 세계가 출렁거리고 있다. 통화량 팽창으로 돈의 가치가 추풍낙엽처럼 떨어지고 있단다. 국내 사정도 고물가로 실질적 소득 감소에 쩔쩔 매고 있단다. 여기에 전기-가스 요금 인상이 예정되어 있다. 개인적으로도 영향이 끼쳐질 현상이다. 물론, 지금 당장 피해를 입는 것도 아니다. 그런데 왠지 모르게 떨떠름 걱정이 되뇌지는 이유는 왜일까?

자고로 유통의 물량이 많고 적음에 따라 요동치는 자본주의는, 한시도 조용하지 못하다. 추락할 위험이 높은 가파른 절벽을 타서라도, 어떻게든 내 배부터 채우겠다며 남의 살을 찢어발기고, 그 피로 대지를 적시는 짐승의 정글이 따로 없다.

혼자여도 혼자이지 않는 그 재화를 남보다 더 많이 차지하려는 일탈의 욕망으로, 사회 분위기 얼마나 흉흉해졌는가. 인류가 발생된 이후 끊이지 않고 이어지고 있는, 크고 작은 테러범죄가 극악으로 치닫고 있는 가운데, 인명경시 난발 얼마나 심화되고 있는가. 머릿속에 일확천금만을 쌓아두려는 금융에 종속된 인간들의 평등 실족이 실로 불쌍하기까지 하다.

직장인들이 다달이 받는 월급에는, 그 회사사장 혹은 직속상사의 욕이 포함되어 있다는 점 잘 알고 있다. 직장인들뿐만 아니라, 자영업자들도 공사를 맡긴 발주자로부터 트집의 위세를 떠는 굴욕의 잔소리를 왕왕 듣는다. 직업의 본질은 돈이다. 요즘은 그 품앗이 감정이 예전에 비해 현격하게 식었지만, 옛날 어르신들은 자식들만은 굶주림에 떨지 않게 하려 자신의 한 몸을 내던져 파는 희생을 감내했다. 그래서 세월 주름 깊은 어르신들은, 밥에는 눈물이 담겨있다는 말을 입버릇처럼 새어 내곤 한다.

그 노령의 어르신들 어느덧 농경사회와 산업혁명을 넘어, 돈이 돈을 벌어주는 금융시대를 마주하게 되었다. 온라인으로 송금결제 시 시간 절약이 높은 데도, 굳이 은행창구나 종이통장 사용을 고집하는 어르신들은, 분명 시대에 뒤떨어진 황혼 층 세대이다. 그 전자망 연결고리를 국내외로 잇는 측은, 겨릅의 손놀림이 놀랍도록 빠른 손자뻘 젊은이들이 담당하고 있다.

하늘 아래 땅에서 살아가는 인간은, 남녀노소 구분 없이 누구나 평등하다. 그런데 검은 음모-흉계에 놀아나는 돈 앞에서는, 그 온도의 편차가 천차만별로 갈라진다. 사회나 사람이나 새로운 환경을 접했으면, 그 적응을 흡수하는 기간이 필요하다. 살아야 할 집 내부에 대해 알지 못한다면, 위치 설명을 할 수 없기 때문이다. 즉, 부분 또는 전반적 이해라도 갖춰야 새로운 환경을 헤쳐나갈 수 있게 된다는 뜻이다.

필자는 경제에 미천한-셈이 약한 무명의 문인(文人)일 뿐이다. 정말, 평생 빛을 못 보고 지금까지 글만을 써왔다. 머리를 쳐들어 하늘을 올려 봐도, 눈 먼 시각장애인이 아닌 데도 불구하고, 누구에게나 공평한 그 해살의 영향을 쬐지 못 한다는 것은, 진정 인생의 불행이 아닐 수 없다. 글쟁이로 살아온 후회가 막심하다.

그 칠흑의 어둠 속에서 행동반경을 넓히는-자유 없는 그 갑갑증에서 탈출해 보려는 심사로, 필자 역시도 주머니로 들어오는 고정 수입이 있어야 꿈의 계획을 활짝 펼칠 수 있다는 관념을 가진 직립보행의 인간이다. 그래서 경제에 관한 책 몇 권을 느닷없이 산 김에, 늘 관심사였던 기본소득에 자구적 눈을 떠보려 하는 것이다.

이 바탕에는 의식주 문제 해소에 가장 큰 보탬인-긴축통화가 무엇인지 알 도리 없는-그 기본 원리는 제쳐 놓고-한 번도 누려보지 못한, 불로소득의 돈을 쥐고 싶다는 속셈의 욕구가 자리 잡고 있다.

 사실, 아껴 쓸 돈도 부족한 경제적 취약은 글 쓰는 집중을 비실비실 약화시켜왔음은 물론이고, 사람 관계에도 적잖은 손해를 입혔다.

누군가가 그립다.

                    누군가의 온기 어린 손길이 무척 그립다. 그러나 그 대상이 또렷하지 않고, 파편적 조각으로 깨져있다. 쉽사리 떠오르는, 친밀하게 가까운 사람은 딱히 없기 때문이다. 오며가며 인사치레 나누는 사람들 중에도 초상이 그려지는 인물은 없다. 근황 소식이 궁금한 몇몇은 있다. 그러나 모든 관계는 관례상 안 만나면 멀어지기 마련이다. 한마디로 생사고락을 함께 나눈 알짬 두터운 사람이 내게는 없다는 뜻이다.

  애석하게도 필자에게는 부모의 한 피를 나눠 받은 의지가지 혈육이 한 명도 없다. 현대 사회의 성공의 지름은, 인간관계를 넓히는 거라고 흔히들 말한다. 그러나 모든 책을 다 읽을 수 없는 것처럼, 모든 사람을 넓은 포용으로 안는다는 것은 물리적으로 버거운 무리가 따른다.

  친구를 갖는 것은 또 하나의 인생과의 만남이다. 필자도 한 때는 남을 등쳐먹는 불한당 같은 음흉한 패들은 응당 배제하고, 흙을 파먹는 지렁이 거지부터 나라를 이끄는 영도자대통령까지 친구로 사귀자는 포부를 가졌었다. 사람을 가리지 말고 대의의 공평으로 대하자는 그 신조, 여전히 유효로 살려두고 있다.

그러나 밤하늘을 가득 채운 별빛들 향수에 깊이 잠겨 깨어날 줄 모르는 창작의 외골수 길은, 어쩔 수 없이 땅위 소산물을 함께 나눠먹는 사람들의 만남 횟수를 퍽이나 줄이게 하였다. 한꺼번에 많은 인물들을 접할 수 있는 단체모임에서도 발을 뺀 지 오래다. 그 기나긴 침묵을 깨고, 식물의 새순들이 앞 다퉈 신선한 자연의 생동을 피어내는 지난 사월에 갓 개강한(주 일회) 맞춤법공부 지도가 유일한 내외 간 창구이다. 그 무료 수강을 들어주는 사람은, 나이든 여성 단 한 명뿐이다.
  글 쓰는 일에 매진하겠다는 이상의 소심에 맞춰 주변 정리를 내린 것은 결코 아니다. 주위에서 손짓해 부르는 사물들에 정신이 팔려 뒷단속을 못한 것도 아니다. 환경을 불문하고 그 일을 수행하는 가운데서, 알게 모르게 음양으로 거리를 두게 된 것이 사유라면 사유이다. 이해가 닿지 않는 부분은, 필자로부터 갈 바를 몰라 미로를 헤매던 와중에 시기적절한 해답을 듣고, 그 방황을 끝내고 안착을 다졌거나, 또는 정신적 개선과 크고 작은 선물을 받고도 감사를 모르고 사라진 사람들이다.
  개중에는 바위절벽의 틈새에서 겨우 피어난 필자의 위태한 환경에 비해, 압도적으로 높은 사리분별에 눌려 곁을 떠난 사람도 더러 있다. 그럼에도 가둔 골방에서 진액을 말리는 노력을 그토록 쏟아 바쳤는데도 불구하고, 흔드는 손이 안 보일 정도로 사방이 어두컴컴한 무명작가의 신분, 비통하게도 아직도 벗지를 못하고 끙끙 앓고 있다. 이대로라면 말과 생각으로 세상을 바꿔보겠다는 부푼 기대는 접어야 한다.

사회가 알아주든 말든, 이제까지 필자의 정체와 자존감을 한껏 높여준-영혼의 샘이 마르지 않도록 독려를 아끼지 않고 있는 글쓰기는 필연적으로 꼭 해야만 하는 사명감(냉온탕)으로 굳어져 있다. 땅콩 까먹는 심심풀이 환상이 아니므로, 신비에 둘러싸인 죽음에 이를 때까지, 이 펜은 절대 놓지 않을 것이다. 고통이 수반되는 천에다 쉼 없이 수를 새겨 넣을 것이다. 도토리가 키워내는 참나무처럼...

훌륭한 작품은 작가만의 씨름에서 태어나는 것이 아니다. 그 배후에는 하나의 목소리을 가진 다수의 경험담들이 들어있다.

내일은 내일, 살아 숨 쉬는 오늘을 걷자.

한 줄의 시

별빛 내리는 시각/한낮 더위 잊은 선선한 밤/어디선가에서/들려오는 풀벌레 소리/홀로 일어나/한 줄의 시를 쓴다.
존재하는 인간의 생은/어떻게 사느냐에 따라/행복과 불행으로 갈리나니/내 안의 빛인 나의 기쁨은 /주변을 밝히는 등불

모처럼 써본 한 편의 자주 시이다. 시기적으로 아직은 낮 더위가 맹위를 떨치고 있다. 글 작업 중 잠시 쉬려 베란다 편 창밖을 내다본다. 공기온도가 선선하다. 대추나무 밑동 둘레를 감싼 화단 숲 어디선가에서 들려오는 풀벌레의 소곤소곤 음정을 듣다 건져 올린 시성(詩性)이다. 그다음 2연부터는 관념만큼 환경개선의 예후가 막막하게 안 보여 쉽사리 잠겨드는-원동력 잃은 그 침침한 우울증 기분을 나름 긍정으로 키워보려 짜 맞춰 넣은 시행이다.

시를 쓰는 시인은 모래 밥을 먹는다. '제때 배우지 않으면 일찌감치 죽는 연습을 하는 것이다.' '너는 남과 다르니 항상 배움에 힘써야 한다.'

필자는 한없이 외롭다. 누구도 찾아주지 않고, 응원

의 안부전화도 한통 없다. 일상이라 면역이 퍽 익숙해졌을 범한데, 앞이 캄캄한 순절의 기복을 타고 절망의 구덩이로 곧잘 빠져들게 하는 이 지독한-벌레에 먹히는 고독은, 아무 때나 사기를 꺾어놓곤 한다. 정신적 노력을 의기소침으로 포기하도록 이끈다. 이때면 만사가 귀찮아진다. 그러나 편안한 눈총으로 새벽에 이른 창밖을 내다보고 있는 지금의 심경은 지극히 정상하다.

정서적 유해인 부정을 안은 심경에서는 브라보! 파이팅! 같은 큰 외침은 터져 나올 수가 없다. 어둠세력의 압력에 눌려있기 때문이다. 남들과 어울리는 생산성은 물론이고, 그냥 노는 것조차도 적대의 신경질을 부리며 멀리 둔다. 모든 행복이 블랙홀에 집어 삼켜지는 그 슬픔의 도가니에 더는 갇혀 지내고 싶지 않다는 의지를-가장 헌신적인 천명(天命)의 역량이 늘 최고조로 유지되길 바란다는 뜻에서, 내 안의 빛인 기쁨은 곧 주변을 밝히는 등불로 비유한 것이다.

아득한 눈물로 위안을 삼는 시인의 길은 고달프다. 생활고에 시달리는 침전(沈澱)이 너무 깊다. 문자 그대로 삶이 아닌-합의가 되지 않는 다른 어떤 것과의 충돌이다. 그래서 필자는 다시 태어난다면, 가난의 정형인 이 길을 선택하지 않겠다는 다짐을 다시금 되뇐다.

우울증증세의 기원인 부정의 반대 어인 긍정은, 깨인 정신으로 세상을 보게 한다. 일 추진도 활달할 뿐 아니라, 그 속도가 빛처럼 빨라, 어떤 때는 눈으로 좇아 잡을 수 없는 지경을 목도하기도 한다. 긍정은 그만큼 삶의 소망을 한껏 살려낸다.

　가로등만이 비치는 이차선 아스팔트길은 입새가지 무성한 대추나무 사이사이로 간간이 볼 수 있을 뿐이다. 그 가지 위 높은 상공에는, 인류가 띄워 올린 인공위성의 불빛이, 언제나 그 경로 따라 서편으로 미세하게 이동하면서 지상을 감시하고 있다.

여류소설가 탄생

　　　　　　시월 하순 토요일 오후 초 파리바게트 제과점도착은, 약속시간 10분 전이었다. 작은 잔속의 시커먼 에스프레소 양은, 실상 몇 모금에 불과하다. 커피에 밥을 말아 먹는다는 사람에게는 종지 양에 지나지 않을 것이다. 그 쓴맛을 마셔 가며 노트북을 들여다보고 있다. 실화에 바탕을 뒀다는 중편 분량의 소설 원고 교정을 보고 있는 중이다. 맞춤법과 문장 등을 3일에 걸쳐 수정한 뒷마무리인 셈이다.

　출판계획을 잡고 검토를 바란다며 전자우편으로 보낸 이 원고를 처음 대했을 때 느낀 감정은, 첫 작품치고 내용의 얼개가 일편 하여 그런대로 괜찮은 호응을 얻을 수 있겠다 싶은 저변이었다. 그러나 이름이 전혀 알려지지 않은 무명인이다. 준비해온 계약서교환 후 좀 더 심층이 모아지겠지만, 만일 '성미출판사'에 출판을 의뢰한다면 시장성 예측이 안 잡혀 저자 편에서 전반 비용을 대야한다는 쪽으로 기우려두고 있다. 이른바 자비출판을 권유할 작심을 세워뒀다.

　매장에 들어서면서 맨 안쪽 벽면테이블을 홀로 차지하고, 노트북을 들여다보고 있는 필자를 단번에 알아봤다는 운을 가볍게 떼면서, 맞으면 등받이의자에 앉은 그녀의 밝은 색상의 원피스 차림새는 꾸밈없이 수수하다. 누구를 모방하지 않은 자신만의 생활의 활력을 발휘하고 있다. 인성에 매우 중요한 부동(不同)을 갖추고 있다. 한마디로 소화가 잘 될 성 싶은 해밝은 기혼여성이다.

어조가 명랑하면서 쾌활한 자유적인 몸짓에 낙관이 넘쳐흐른다. 특징 없는 보통의 인상에서는 거리낌이 안 보인다. 긍지와 자부심이 받쳐진 웃음기에는 개방성은 깔려 있으나 그 표면에 가려져 있어 볼 수 없는, 그 이면의 차가운 냉정함이 빗면으로 읽히는 속성의 성격은, 쉽사리 넘어가지 않는다는 오뉴월의 서리 같은 주관이 팽팽하게 숨쉬며있다. 사회의 일원으로써 형식에 편중되어 있긴 하나, 속이 깊지 못한 단순성도 엿보인다. 이 단순성은 또한, 모름지기 여자의 성숙성을 품고 있기도 하다.

필자는 두 눈을 들어 초면의 여성을 맞는다. 보육원에서 간호사 일을 본다는 그녀는, 포장 빵 두 개 중 하나을 권했다. 이어, 몸을 움직여 옆 의자에 먼저 내려둔 어깨가방을 열고 한 권의 책을 꺼낸다. 필자의 두 번째 장편소설 『누구를 위하여 눈물을 흘려야 하나』이다. 오랜 지기인 산부인과 원장님이 필자 소개 자리에서 준 것이 틀림없다. 앞부분 몇 페이지만 읽었단다. 그러면서 그녀는 낯익은 지역이 담아져있는 이 소설 내용도 자서전 형식이던 데...하면서 자신의 원고 역시도 체득으로 겪은 자서전이라고 밝힌다.

출판 건 얘기에 들어가면서, 필자는 미리 정해 내린 방침대로 시장성 예측이 안 잡히니 저자 편에서 그 비용보전을 맞춰줘야 한다는 언질을 내비쳤다. 순간, 안색을 흐린 그녀는 이 원고 내용대로 보육원원장의 아동 성 추행 건을 다룬 재판에서는 승소는 하였으나, 그 장기간 동안 상당한 비용지출을 했다는 하소연을 흘린다. 그 뜻은 돈이 없으니 제발 봐달라는 음소에 가깝다. 그러면서 그녀는 출판비용 얼마나 되는지를 상식의 궁금증을 담고 묻는다. 필자는 한도를 제시했다. 그러자 그녀는, 표준계약서 몇 장과 필자가 만남의 선물로 준 장편소설 『삶의 숨결』과 인문교양 『글말이 생성되는 장소』 두 권의 책과 함께 저의 천가방 속에 넣고 "결정 후 연락드리겠습니다." 말을 끝으로 면대를 마쳤다.

그 몇 달 후, 필자는 연락하겠다는 약속과 달리 잊은 듯 영 소식이 없는 그녀에게 전화를 넣었다. 통화가 연결된 그녀는 이미 책으로 출간했고, 시중에 판매 중이고, 책 소개 차원에서 정치권 인사들을 만나는 한편으로 어느 기관, 어느 단체에도 무상 기증한다는 답변을 두서없이 쏟아낸다. 거침없는 그 목청에는 누구의 도움 없이-외주도 주지 않고, 오로지 자신의 힘만으로 첫 소설을 출간했다는 자부심이 한가득 넘쳐흘렀다. 자랑할 만한 소설가 탄생의 쾌거가 아닐 수 없어 응원이 절로 뜬다.

그녀는 『완벽한 태도를 지닌 원장과/사자 그리고 노란 약속』의 긴 제목의 책을 택배로 보낸 바로 그날 저녁에 전화를 걸어왔다. 그러면서 그녀는 책 내용은 물론이고, 책 모양새가 촌스럽게 조잡하여 작가님에게 솔직히 보내고 싶지 않았다는 말을 콸콸 들려준다. 필자는 그 정도면 자질이 충분하니 후편을 써보라고 권했다. 이 배후에는 대면 시 작가로 살고 싶지 않다는 의사를 표명한 언질을 재고해보라는 자정도 포함되어 있다.

상당 부분이 삶에 근거를 둔 픽션(허구)으로 우위를 접하려는 의도를 깐-일상에서 통용되는 문장을 적응으로 변화시키고, 그 내용을 망가트리거나 훼손시키지 않는 범위 내에서 자신의 생각을 자연스럽게 주입하는 소설은, 압축이 가장 적게 요구되는 예술분야이다. 좀 더 심층은 사람들의 관찰과 성격 분석이 주 양념인-관점의 차이의 공백이 있을지라도 다양한 각자의 계층들과 연관을 짓고 자하는 소설은, 여성에게는 비교적 접근이 용인하다 할 수 있다.

자구적 눈을 뜨기 시작한 신인소설가. 그 장래 어떻게 펼쳐질까? 작가가 되고 싶어 오늘도 남몰래 사념의 고독과 싸우며 글을 쓰는 작업은, 초심시절의 그림인 봄철의 화사와는 생판 다르다. 연륜이 쌓아질수록 겨울 추위에 떨어야한다. 생계수단이 마땅치 않기 때문이다.

전업 작가 수가 극소수인 우리나라의 실태가 이 대변이다.

  솔직히 필자의 경우 기독교신앙과 글쓰기에 생애를 바친 덕분에, 누구나 인정하는 오늘의 청빈한 인격을 다졌다 해도 과언이 아니다. 그럼에도 다시 태어난다면, 불규칙동사(배신)를 무릎 쓰고 철천지원수 같은 이 두 부류와 전혀 무관한 삶을 살겠다는 강한 비판을 품고 있다. 그토록 평생 동안 성공에 필요한 온갖 재료를 거름으로 그러모아 매달린 헌신-노력을 피를 말려가며 쏟았는데도 불구하고, 평정심 유지 힘든 경제난에 끝없이 시달리고 있다. 봄철의 신선한 생동의 화사는커녕, 육신적으로나 정신적으로 영양가 마른 피천 속에서 여전히 이리저리 헤매고 있다. 골수의 증오감이 깊이 박히게 된 이유이다. 만일, 이 기나긴 세월 동안 날마다 출퇴근하는 직장을 다녔더라면, 적어도 이토록 치신한 자괴의 꼴불견 그나마 면했을 것이다. 경제력을 갖춘 바탕에서 인류애를 나눌 가족을 형성했더라면, 안부를 묻는 누구도 없는 가운데, 아무도 찾아 주지 않는 명절의 쓸쓸한 고립도 잊었을 것이다. 계절이 변동하는 새 창의를 틔울 수 없는-억울하도록 분석이 안 되는 이 백골의 울적한 허전감도 한결 덜어졌을 것이라 짐작된다. 이점에서 필자는 지질한 극치로 끊임없이 참변의 배신감만을 안겨준 두 부류에 치를 떠는 독기를 머금고 있다. 용서할 수 없다는 이를 부득부득 갈고 있다.

작가다운 작가

                과연 좋은 작가는 어떤 사람일까? 첫째, 자신의 감정에 비굴하지 않은 사람이다. 당장은 작업과정이 메마르게 바삭바삭 목이 타듯이-시름시름 앓는 고통에 매여 있어-만족과는 거리가 멀어 절로 비명이 내질러지는 그 한복판에서도, 내 책을 읽어 줄 단 한 독자를 떠올리는 희망을 건 고지에 오르려 자신과 부단히 싸우는 사람은 좌고우면을 하지 않는다. 그러나 자신의 내면을 성실함으로 꾹꾹 채우기보다, 명함만으로 문인이라 자랑거리는 사람의 성질은 비위 따위나 맞추는 아첨이 자자하다.

  '관심 종자'인 작가는, 사회를 이끄는 중심인물은 아니다. 시끄러운 도심에서 한참 벗어난-한적한 푸른 환경에 둘러싸인-사방이 탁 트인 오두막에 동구마니 눌러앉아, 하늘에 뜬 낮의 태양과, 밤의 달과 별들을 게으른 시선으로 관찰하며 켜켜이 쌓은 내공의 음미를 글로 엮는 최변방 부류이다. 지나친 동요를 경계하면서, 영이 통하는 자연과 소통하며 유체가 이탈된 은신생활을 즐기는 실상의 세속 밖 사람이다. 고독의 그림자와 늘 함께 다니면서, 편치 못한 허기진 육신의 고통 속에서, 새로운 세계를 깨달은 참회를 글로 남긴다.

기호의 일종이라 불리는 언어는, 창조적 규칙의 체계이다. 그 언어는 상호작용을 불러일으키는 성분의 맥락이 있다. 언어는 이토록 문화의 정신까지 지대한 영향을 끼친다.
　모두에게 열려있는 문학. 동사(시제)와 불규칙동사(배신)로 인간사를 발굴하는 작가. 독자와의 합의보다 일방적 의도로 이런 일이 생길 수 있다는 확신을 심어주는 작가. 즉, 사회의 현상을 통해 상대의 양상을 구현하는 글말로 대중들과 의사를 교환하는 작가.
　그 작가는 오늘도 글로서 채우는 책을 쓴다. 책은 다른 매체보다 집중력과 몰입의 요구가 강하다. 글 쓰는 일에 일생을 바친 작가 중에, 하루 한 끼만의 식사로 목숨을 연명하는 이도 더러 있는 줄 안다. 돌덩이가 떡덩이기를 간절히 바라는 현실의 가난 앞에서 맥을 쓰지 못하기도 한다. '아무도 알아주지 않는구나.' 넋두리가 절로 배어나올 지경이다. 한 묶음의 말로 빛과 그림자-축복과 재앙을 양면으로 안은 부류이다. 몇몇 작가들은 이렇게 힘든 궁핍의 경제난에서 탈출하려, 돈을 좇는 상업성 작품을 시중에 내놓기도 한다.
　금전소득이 변변치 않아 생계가 어려운 예술인들은, 항상 추위에 부들부들 떤다. 좌절의 수렁에 젖은 옷깃을 바싹 세운 아래로 축 처진 어깨의 몰골로는, 낯나게 다니는 것을 의식적으로 꺼려 대인관계가 원만하지 못하다. 의기소침에 빠진 외로움을 많이 타는 편이다. 뼛속의 기름기까지 바싹 마른 그 이면의 비참을 끝장내려, 스스로 영원한 잠에 들어가는 사례도 헤아릴 수 없이 많다. 오죽했으면 작가로서 큰 성공을 거둔 한 여류작가께서, 빈소를 찾아준 문인들에게는 조의금 절대 받지 말라는 유언을 남겼을까.

빵보다 자기실현 추구인 인문에 절실하게 매달려 있는 작가의 실상의 형편이 이러함에도, 작가 지망생들 수가 날로 느는 추세이니 알다가도 모를 일이다.

사(士)인인 그들을 허위허식의 무력감에서 구원해 주는 대상은 글쓰기이다. 인간사회에 대한 근원적 탐구를 통해 보다 나은 사회를 꿈꾸는 혁명적 측면과 함께-비하를 살짝 곁들여 덧붙인다면, 액세서리 교양을 은근슬쩍 과시하는 작가의 머릿속은 세상을 널리 밝히겠다는 광명의 빛으로 가득 채워져 있다. 날개 단 노래를 부르며 구름을 타고 다닌다.

필자의 6살 유아기 시절 적 이야기이다. 영아원방 목재 침상에 누여진 필자의 어린 시선은, 절로 유리 창문 바깥으로 내몰렸다. 두 눈에 한가득 담아진 풍경은, 흰 구름 몇 조각이 아주 천천히 떠 흐르는 높푸른 하늘이었다. 담벼락에 새겨진 어떤 나무의 한 줄기 잎가지도 동시에 보았다. 그때, '나무에 우유가 흐른다.'라는 문구가 뇌리를 스쳤다. 당시 미취학 꼬맹이라 쓸 줄을 몰라 글로는 남길 수 없었으나, 그 시구(詩句) 지금까지 지워지지 않고 나의 안에서 살아 숨 쉬며 있다. 그 후 성장과정에서 허허 벌판의 메마른 환경과는 전혀 맞지 않는-일정한 거처지가 없어, 오늘은 이곳 내일은 저곳을 옮겨 다니는 신원 불상의 신분이라, 종종 끼니를 거른 탓에 막대기처럼 마른 육신의 삶과 동떨어진 책을 끼고 살게 되었다. 화장실에서든, 버스 안에서든, 노상에서든, 장소 구분 없이 늘 몸에 지닌 옆구리 책을 펼쳐 공부하듯이 읽었다. 신문 역시도 나의 관념의 지식을 넓혀주는 좋은 길잡이였다. 수많은 책을 졸라 읽었다. 월간 문예지잡지도 구독하여 문학성 틀을 다졌다. 그 결과 오늘날 시와 산문과 소설을 동시에 쓰는 작가가 되었다.

인정하고 싶지 않지만, 의미는 고정이 아니다. 다시 말해 의미는 확정이 아닌 그 어떤 망연함이다. 내일 잡은 일정이 바뀔 수 있는 오늘이다. 글을 쓰기 위해서 꼭 가야만 하는 공간은 없다. 마음 챙김은 현재의 감정을 주의 깊게 살피는 일이다.

독창성 글은 내 길을 낸다. 누구에게든 맞추려 하지 말고, 나의 언어를 갖는 것이 작가다운 작가이다. 독서를 즐긴다 해서 작가 반열에 오를 수 있는 보장은 아니다. 그러나 기질은 다지게는 한다.

글을 쓰는 작가는 책을 만든다. 값을 낸 그 책을 들고 서점 문을 나선 독자는, 문맥 한 자 한 자를 눈질로 좇아 읽어 내려가면서, 머리로는 새하얀 눈 속의 세상을 거닐고, 나뭇가지에서 누군가를 부르는 청아한 목청으로 우짖는 새 노래를 상상의 귀로 듣는다, 넘실넘실 일렁이는 물살이 모래해변을 적시는 바다와 무언의 대화를 주고받는다. 또한, 다방면으로 활력이 씩씩한 사회상을 들여다보거나, 찻집 테이블을 사이에 둔 세 사람이 연 맺은 악수를 나누는 장면, 거실 바닥에 둘러앉아 도란도란 이야기꽃을 피우는 어느 가정의 커튼 안 모습을 부럽게 엿보기도 한다. 이뿐 아니라, 무슨 제목의 책을 완독했는지는 모르겠으나, 일개 여공이 의사가 되겠다는 도전을 걸었다는 뒷얘기, 평범한 우리로써는 접근이 불가능하여 간접의 소문으로만 들었을 뿐인 트랜스젠더(사회적 성과 지정성별이 일치하지 않은 사람) 등등의 소상한 발췌로 동시대 세상살이 일면에 눈을 뜨게도 한다. 글은 이토록 소개의 힘을 지니고 있다.

내 속에서 끌어내고 싶은 것이 무엇인지, 그 방향을 두루 찾는 배경은 그림의 도안이다. 작가의 영역은 무궁무진 넓다. 지구 밖 우주에까지 뻗어있다. 삶이라는 운명은 어떤 모양일까? 해답을 제시하기도 하고, 무색무취한 인생살이에 분홍-노랑 등 색상을 입혀 이름을 붙여주기도 하면서, 발자취를 남긴 뒤를 쫓으며, 그 길은 가고 자는 목적지와 정 반대 방향이라는 안내 역할을 맡기도 한다.

지식을 측정하는 작가는 글로써 신세를 갚는다. 작가는 '(으)로서'는 지위나 신분 또는 자격을 나타내는 조사이고, '(으)로써'는 어떤 일의 수단이나 도구를 나타내는, 품사로써 같은 조사인 건 맞으나, '써'사용은 강조성이 더해진다. 예를 들어 '말로서'보다 '말로써'가 의사전달에 있어서

보다 억양이 분명하다. 라는 가르침으로 문장력이 한층 더 든든해지도록 돕는다. 덧붙이는 설명은 '(으)로써'는 시간을 셈할 때 셈에 넣는 한계를 나타내거나 어떤 일의 기준이 되는 시간임을 나타내는 조사로써 쓰이기도 한다는 것이다. "취업 면접 떨어진 게 이로써 세 번째인가?", "대화로써 사태를 풀지 왜 싸워"

인간의 생리적 욕구는 자유로운 창의이다. 어떤 이는 경제적 해방이 인간 해소라 말하고, 늘 새로워지기를 바라는 어떤 이는 문화적 향유를 빼면 삶의 의미가 없다는 주장을 내놓을 것이다. 기계시대를 도입하여 빈부 격차를 벌려 인간 차별을 낳은 경제만의 추구는, 운명의 단축을 부른다. 인간은 빵만으로 살 수는 없기 때문이다.

역사적으로 침략의 공격만을 믿고 쇠해진 나라를 들라면, 이사(李斯)의 제안을 받아들이고, 모든 서적들을 모아 불태워 없앤 진나라 시황제의 경우이다. 비슷한 시기에 진나라와 똑같이 철제 농기구로 국력을 키워 서양의 최강자로 등장한-6세기경에 왕정을 끝내고, 공화정시대를 연 로마제국의 경우는 군사력 다음으로 문화양성이 있었다. 문화(文化)란 사전 풀이로 '한 사회의 주요한 행동 양식이나 상징체계'이다.

기본주의는 자신의 문제점을 스스로 심화시키는 약점을 지니고 있다. 어제만을 반추하는 사람은, 기술이 약해져 미래를 놓치고 만다. 새로운 작품 발굴보다 인기 좋았던 과거 안주에만 눌러앉아 있는 나태 자에게 보내는 경고이다.

자각을 장치로 떠받쳐 둔 글쓰기에서 주의해야 할 점은, 내가 납득하지 못하는 단어는 굳이 갖다 쓰지 말라는 충고이다. 충분한 고증을 거쳐, 예컨대 죽비(竹'대나무'篦'빗치개, 통발, 또는 테, 참빗)라는 주제에 걸맞은 단어들을 활용하여, 문장 전체가 가독에 걸리지 않는 합리적 문체로 구성해야 한다.

남성과 여성을 다루는 문학은 양성을 지니고 있다. 글쓰기는 마음을 닦는 수양과도 맞물려있다. 신심이 깊은 종교인에게는 글쓰기가 곧 기도의 갈음이기도 하다.

글쓰기는 곱씹는 맛을 즐기게 한다. 어떤 시인은 책상머리에 앉기 전에 목욕부터 한단다. 머리로 쓰는 재능의 글이든, 가슴으로 쓰는 감성의 글이든, 책이란 지향은 매한 가지이다.

상상 속의 인물

 필자의 상상 속에서 살고 있는 그는, 제 이름을 올린 집이 없어 이사를 자주 다녔다. 살림살이는 일상에 꼭 필요한 몇 가지, 그것도 수십 년 째 쓰고 있어 닳고 단 잡동사니뿐이라, 이사 때마다 별 힘을 쓰지 않고 잘 넘겼다.

이번에 이사한 집은 고맙게도 정자 옆에 연못이 있었다. 때는 한파가 지독하게 매운 한겨울이라, 연못 역시도 여느 개울과 마찬가지로 꽁꽁 얼어 속을 들여다볼 수 없었다. 그는 동심이 발동되어 어렸을 적에 즐겼던 두 발 썰매를 만들어, 반질반질 매끄러운 얼음판을 누볐다. 수차례 반복은 자신감을 갖게 했다. 그 여세를 몰아 좀 더 멋지고 신나게 타보겠다는 감정을 뛰어넘는 잔꾀를 썼다. 얼음판 제치는 못 박은 솔가지 꼬챙이를 쓰지 않고, 한 발로는 썰매를 잡고, 또 한 발로는 그 속도에 맞추어 얼음판을 차는 솜씨를 고안해냈다. 잔꾀부리가 너무 과했나? 미처 발견하지 못한 얼음 속에 박힌 돌부리 하나에 썰매 날이 된통 걸리면서 앞으로 꼬꾸라지는 사고를 입었다.

안면 찰과상을 입은 그는, 그깟 한번 불찰에 재미를 놓칠 수 없다면서 푹 빠진 썰매질 놀이에 다시 매달렸다. 그날은 며칠 째 이어진 온화한 일기로 얼음판 위로 물이 옅게 스몄다. 그럼에도 그는 그간 몇 번 고치면서 견고를 보강한 썰매놀이를 멈추지 않았다. 그 무시의 바람은 힘을 잃은 얼음이 밑으로 꺼지면서 사람의 몸은 연못 속으로 빠져들고 말았다. 일명 메기를 잡은 것이었다.
"놀이에도 자만이 끼면 꼴 망신당하는구나."

쉬면서 읽는 짧은 글

문밖에서 들려오는 동생 목소리에는 자신의 미숙한 머리 계산으로는 뭔지는 모르겠으나, 풀리지 않는다는 불만의 심통이 들어 있었다.

어떻게 알려 줘야 할지?
1

 문밖에서 들려오는 동생 목소리에는 자신의 미숙한 머리 계산으로는 뭔지는 모르겠으나, 풀리지 않는다는 불만의 심통이 들어 있었다. 현관문을 열고 내다보니, 목 단추를 풀지 않은 상의 옷을 거꾸로 머리에 욱여넣으려 애쓰고 있다. 옷깃 단추를 풀고 작은 몸집에 입힌 다음 매무새를 잡아줬다.
 동생을 굽어보는 누나의 눈빛은, 뭉글뭉글 불안하기 짝이 없다. 아까 참에 집 밖을 잠깐 외출했다, 자신의 폐를 산산이 깨부순 나쁜 공기가 다시 빠져나갈 정도로, 시간이 멈춰지는 끔찍한 광경을 목격한 그것이 마음 쓰리게 괴롭히는 것이었다. 예민한 감수성에 따른 잘못 본 허상이길 바라나, 분명 두 눈으로 보고 들은 실상이다. 응석받이 동생의 놀이친구인 이 개월 차 암컷강아지가, 목줄 풀린 동네 사나운 어미 개에게 물려 죽은 것이었다. 이 소식을 듣게 되면, 철부지 동생은 토할 때까지 울고불고 야단을 지를 것이 뻔하다.
 "어떻게 알려줘야 할지?"

2

늦은 여름밤 하늘은 아름답다. 소년은 별, 은하, 행성 우주 등을 다루는 천문학자 꿈을 품고 있다. 인류의 손길이 닿지 않는 머나먼 우주공간을 마음껏 날고 싶어 한다.

소년은 낯익은 북두칠성 자리 확인 후, 오늘 책에서 배운 토성(土星)을 찾아 헤맸다. 갈릴레오 갈릴레이가 1610년에 처음 발견한 것으로 알려진 토성은, 태양계 안쪽에서 여섯 번째에 있는 행성이다. 지름 약 12만 킬로미터, 태양으로부터 멀리 떨어져 있는 탓에 표면 온도 섭씨180, 부피(체적)는 지구의 9,1(755) 배로써 목성 다음으로 큰 행성이다. 납과 연관된 원소색깔은 검정이며, 공전주기는 29년 167일이고, 적도 둘레에 얇은 판 모양의 테를 가졌고, 위성은 18개, 요동치고 물결치는 나선의 세 고리가 있다. 지금까지 밝혀진 과학적 지식은, 세 고리 모두 미터 단위를 넘나드는 넓은 범위의 입자 크기를 가지고 있다는 것이다. 또한, 토성은 밝기를 키우기는 하나, 육안으로는 볼 수 없는 토성 고리는 물보다 유기물이 더 많다는 것도 밝혀져 있다.

소년은 수수께끼에 싸인 그 신비를 보다 구체적으로 풀고 싶어 견딜 수 없었다. 한껏 달아오른 안달이 궁금증을 높이는 꿈의 날개를 달게 한 셈이다. 그 문제를 학문적 언어로 펼치려면 수학, 물리, 지구과학 등의 기초과학을 병행하여 배워야 한다.

소년은 뒤로 바싹 젖힌 머리채로 뒷걸음질을 하다, 그만 일 미터 깊이 땅 구덩이 아래로 굴러 떨어지는 사고를 당했다. 엉덩방아를 찧었고 무릎도 살짝 아팠다.

마당이 깊은 집 복판에는 감나무 한 그루가 서 있다. 바닥에 떨어진 작은 열매 몇 개가 뒹굴고 있고, 그 중 하나가 고정 잡은 사인용 목재의자 위에 얹어져있다. 목수기술을 갖춘 아버지께서 손수 못질해 만든 가정용 의자이다. 그 아버지께서 이 년 전에 돌아가셨다.

두 살 위 누나만이 집을 지키고 있다. 누나는 저 혼자 좋은 일이 있는 사람의 발그레 표정을 짓고 있다, 방문을 여는 동생을 돌아오면서 순식간에 수심이 드린 어두운 안색으로 확 바꾸었다. 불길감이 잔뜩 서렸다.

"엄마 아직 이네."

"우리끼리 밥 먹자."

동생은 누나 뒤따라 들어선 식탁의자 하나를 밖으로 빼 앉았다. 상보를 걷자 준비 다된 밥상이 펼쳐졌다.

"많이 먹어."

"누나가 고생하네." 제법 속정 깊은 성대이다.

밥술을 뜨면서 허전감을 느낀 동생이 주위를 둘러본다. 의례 곁에서 왁자지껄 안기는 강아지가 안 보이는 것이었다.

"내 귀염둥이 안 보이네."

"동생, 하늘 구경 잘 했어? 뭘 봤어?"

누나는 딴 소리로 화제를 돌리려 한다.
"내 귀염둥이 어디 간 거야?"
"그게...?"
누나는 얼버무린다. 동생의 발작이 무서웠던 것이다. 이 때문에 진즉에 동생에게 말을 하지 못했었다. 밥맛을 잃은 동생의 동공이 크게 키워졌다.
"누나가 어떻게 한 거지?"
"죽었어. 어미 개에 물려서..."
"그 조그만 녀석이 저 혼자 길에서 논 거야?"
"그랬나 봐. 강아지비명이 들려 바깥을 내다봤다 알게 됐어."
"불쌍한 놈."
동생의 저토록 침착한 어조는 의외다. 그 속내에서 벌써 어른다운 인내가 새어나왔다.

소년과 잉어

 심심함을 견디지 못하게 된 소년은 놀이 감을 찾아보겠다며 개울까지 나왔다. 몸집 큰 잉어가 유속이 느린 수면 위로 주둥이를 내밀어 소년에게 인사를 건넸다.
 "안녕, 소년아."
 "응, 그래. 너도 잘 지내지?"
 "재미가 찢어지게 좋단다."
 "얼마나 재미 길래. 나도 끼어줄 수 있니?"
 "물속으로 들어와. 그럼, 함께 놀 수 있을 거야."
 "나 발 적시기 싫은 데, 네가 뭍으로 올라오면 안 되겠니?"
 "거긴 내 영역이 아니거든."
 "좋은 방법이 있다. 내가 바가지를 내릴 터이니, 그걸 타고 올라오면 되겠구나."
 소년은 바가지를 물속으로 던져놓고 과정을 지켜본다. 덩치에 비해 행동이 민첩한 잉어가 비늘에 덮인 몸을 껑충 날리며 바가지 안에 무사히 안착했다.
 "자, 준비됐어. 어서 끌어올려!"
 소년은 줄을 당겨 바가지를 뭍으로 건져 올렸다. 집

으로 돌아온 소년은 잉어를 어항에 넣고 말했다.
"너와 친구 될 수 있는 방법은 이뿐이구나."

소년과 포도
1

 포도송이 시기가 아니다. 그렇지만 소년은 한시바삐 포도가 먹고 싶어, 그 나무 아래에서 기다리기로 작심했다.
 "너 거기서 뭐하니?"
 동네동배가 길을 지나며 물었다.
 "응, 포도가 익기를 기다리고 있어."
 "기후가 알아서 여물 게 할 터인 데, 왜 귀한 시간을 허비하는 거니."
 "남보다 앞서려면 이까짓 노숙고생은 감수해야 하지 않을까."
 "희망을 걸어둔 의지는 기특하나, 가상에 지나지 않는 그 추상은 헛열매거든."
 "보라고, 어제보다 알알이 더 컸어!"
 "너는 왜 희망에 속고 있는 줄 깨닫지 못하는 거니."
 "속고 있는 거라고…? 나는 현실에 눈떠있는 걸…자 봐! 잎 아래 청개구리도 나처럼 포도송이가 익기를 고대하며 있잖아."
 "체, 차라리 네 마음대로 계절을 만들어 익혀먹지 그러니." 동배는 빈정거렸다. "꿈의 희망은 배를 채워주지 않는다고. 알아들었니, 맹추야!"

2

 철조망을 넘어 포도밭에 들어간 올망졸망한 두 아이는, "이놈들!"하는 천둥 목청에 그만 까무러치게 질겁하며, 손아귀에든 포도송이를 놓치고 말았다. 밀짚모자로 해를 가린 포도밭주인의 구릿빛인상은, 불리 환경이라 우락부락 사납게 생겨 먹었다. 포도밭주인이 두 아이의 귀를 한쪽씩 나눠 비틀어 잡고 어딘지로 데려갔다.
"나쁜 짓 했으니 벌 받아야지."
"잘못했어요. 다시는 안 그럴게요."
 도착한 곳은 원두막이었다. 포도밭주인은 두 아이를 꿇어 앉혔다.
"공짜는 없다. 포도 값을 낸다면 이 포도는 너희들 몫이 된다."
"저흰 돈 없어요."
"그래? 그럼, 전과가 붙는 걸..."
"제발, 아저씨 용서해 주세요."
 두 아이는 두 손을 싹싹 빌었다.
"가자!"
"어디요...?"
"경찰서!"
"아저씨, 포도 값 얼마예요?"

"돈 없다 하지 않았니."

"네, 없어요. 그렇지만 아저씨 일 돕는 것으로 계산할게요."

"도둑놈 이력이 붙는 건 싫은 모양이구나."

두 아이는 앞뒤 퍼즐을 맞춰보는 셈을 재빨리 굴렸다.

"우리도 그쯤은 알고 있거든요."

"좋다. 지금이 열두 시이니, 해 질 녘인 여섯 시 반까지 해야 한다."

"네에...!? 포도 값이 그렇게 비싸요."

"두 시간은 포도 값, 두 시간은 울타리 넘은 불법 죗값, 나머지 시간은 반성 값으로 쳐주겠다."

소녀의 감동

 홀몸으로 두 자녀를 키우는 엄마는, 생활비에 보태려 대학에서 경제학공부를 하는 학생 한 명에 이층 방을 내주었다. 이른 바 하숙생이다. 밤 열 시간 넘은 시각인 데도 전등이 꺼져있다.
 소녀는 발동된 각별한 호기심으로 1년 간 지나면서 보아온 방문을 처음으로 열고 안을 들여다본다. 총각오빠 방 벽면은 온통 책들로 가려져 있다. 큰 책 작은 책들이 세 개의 책장마다에 빡빡하게 들어차 있었다. 소녀는 정돈이 안 되어있어 좀 지저분한 방 내부를 한 바퀴 둘러보면서 책배가 밖으로 삐쭉 나온 한 권의 책을 발견하고, 안으로 밀어 다른 책들과 나란히 맞추는 수고를 한다.
 소녀는 학생오빠의 박식에 새삼 놀라면서 자신의 멍청함을 탓한다. 창피한 두려움에 떠는 붉으락푸르락 안색으로, 책상 위 종이에 시선을 모은다. 쓰다만 편지지였다. 미완성의 짧은 글귀 내용은 이렇다.
 '주인집 딸 계집은, 특히 양 볼 보조개가 예쁘다. 그 볼에 키스를 해 봤으며...'
 소녀는 전류를 탄 작은 체구를 파르르 떨며 몸 둘 바를 몰라 한다. 그런 적은 실제로 한 번도 없는 데,

입술을 도둑맞았다는 흥분에 가슴이 콩닥콩닥 뛰었다. 사랑을 받고 있다는 감격에 눈물이 글썽거렸다. 그다음에는 미확인의 포근함이 안듯이 감싸왔다. 철부지성질이 상냥해졌다. 수면 아래로 가라앉으며 고아가 떴다. 모두가 공상적인 꿈이다. 그렇지만 너무너무 행복해서 머릿속에 떠오르는 대로 떠들고 싶다.

"아, 가장 따뜻한 달콤한 이 맛! 나를 깨워 어른으로 자라게 한다."

여유

기회는 항상 있다고 믿는 의인이 있었다. 게으르고 나태한 성향 자인 그는, 오늘 아니면 내일 하지 뭐 하며, 매번 오늘 할 일을 내일로 미루는 여유를 부렸다.

아내의 병환이 중해졌다. 그는 방문한 의사에게 아내의 병세를 맡겼을 뿐, 자기로서는 뒷짐 지는 무관심을 보였다. 방해물에 지나지 않는다는 변명으로 일관했다. 의사가 명의였는지, 병세가 호전된 아내는 사흘 만에 병석에서 일어나 예전처럼 집안을 부지런히 살폈다.

바깥에서 왁자지껄 노는 한 아이가 나는 새를 때려잡겠다며 창공을 향해 던진 돌멩이가, 하필 그 집의 장독을 깨트리고 말았다. 겁을 잔뜩 집어먹은 아이는, 처분대로 야단을 맞겠다며 머리 숙인 자세로 그의 앞을 떠나지 않았다.

"녀석, 큰 인물이 되겠구나."

제2부

여름이 지나면 찬 기운 가을 가깝고, 정오 지나면 노을에 물든 저녁에 속하고, 중년나이 지나면 피부 늙는 백발노인에 접어든다는 순리는 자연 그대로의 현상이다.

여름이 지나면 찬 기운 가을 가깝고

　　　　　　　　남과 나는 하등 다를 바 없이 땅의 소산물을 먹는 평등한 사이인 데도 불구하고, 뭐가 그리 혼자 잘나서 사람을 적당히 따돌리며, 눈 먼 듯이 보고 지운단 말인가. 하나 둘 키워진 천만가지 지각이 문제로다. 사람이 자신의 경험담을 일괄정연하게 담은 책을 숱하게 읽고 쌓은 지식이, 이토록 해칠 거리들이 사납게 마구 일어나니 속이 영 편치 않다. 지식은 남을 깔보는 '우월의 싹'이라는 말 실감한다. 어깨 높이가 거의 평등한 그 신장에 시선을 맞추게 되는 사람들을, 아랫사람으로 내려다보면서 업신여기는 자만은 분명 패망의 선봉이 아닐 수 없다.

　요즘 들어 많이 떠올리는 숙연의 단어가 '겸손하자' 이다. 그렇지만 어떤 기분이어야 하는지 의식을 세운 염원과는 아직도 거리가 한참 멀다. 나의 행위는 곧 중계의 대변인 데, 건강한 육체에서 내뿜는 여유만만한 자신감 넘치는 논리의 언변이 청취자들로 하여금 주눅 들게 하는 것이 아닌지? 새삼 나를 돌아보고 또 돌아본다. 어딘가 석연치 않게 찜찜하다는 쓴 약 기분을 오랫동안 되씹는다.

　나의 특별한 재능은 글쓰기이다. 뜻을 굳혔다면 누구

든 도전하거나 할 수 있는 보통의 직업이다. 그러므로 뽐내는 자랑이 될 수 없다. 그런데 집을 뒤로 하고-사회적 본분을 외면하고, 탑골공원 등에서 무료급식을 받으려 허구한 날의 시간을 쓰는 거리사람들을 편견의 시선으로 빈정대며 무시를 하는 성향을 체면상 드러내지 않을 뿐, 은밀하게 숨겨두고 있다는 교만이다. 그들이 춥고 더운 한데 기후를 무릅 쓰고 급식소 앞에 줄을 서야만 하게 된 저마다의 피치 못할 사정이 있을 터인 데, 그것을 이해한다는 내심의 한편으로 얼마나 못났으며-기를 쓰고 체면을 살려라! 라는 밉쌀의 비난을 퍼 올리고 있지 않는가.

하늘이 부여한 특별한 재능으로 사람들에 선의의 향기를 끼치기는커녕, 사람이 사람을 낮춰보는 비하의 성향은 알게 모르게 음양으로 나를 깨우쳐주는 상대성을 저버린 비 동화(同化) 행태이다. 백리·천리 멀리 두는 식견의 피해가 큰 이유 중 하나이다. 밑 터진 자루 잡동사니 흘려내듯이 인간사에 닳고 닳은 타성은, 이토록 날로 제 고집만을 강습하고 있다.

문제는, 연륜이 찰수록 그 속박풀기가 고질하게 어렵다는 시름이 깊어진다는 점이다. 이에 소름은 나의 나누구라 감히 소개함이 쉽지 않게 되었다는 소심의 부끄러움이다. 옛 나를 잃고, 나의 지성 또한 어딘지로 숨으려고만 드니, 나를 태워 오늘에 앉힌 지난날들이 야속하기만 하다.

나의 의식은 외롭지 않는 평등의 일반관계로 들어가 길 소망하나, 흘려보낸 시간 대체 어디에서 어떻게 썼는지 기념비 될 만한 유의미 실적 없다는 공허함만이 밀려든다. 분명, 주변 환경은 10년 전 그때와 크게 달라졌다. 눈부시게 발전했다. 생활-문화·의식 수준도 상당히 높아졌다. 그러나 참 나는, 거듭 단절은 아니다 부인하는 이면으로 물과 기름은 어떻게든 한 물질로 섞일 수 없다는 우월감에 놀아나면서, 나와도 가깝지 않게 멀리 갈라져있다는 골짝자괴가 실로 무겁다.

사람은 육신이 쇠퇴해지면 인식이 흐려지고, 일을 망치고, 덕을 해치는 경향을 드러낸다. 그래서 조물주는 바위 같은 장수에 훨씬 못 미치는 사람의 연수를 제한하는 관리로 다스리게 되었다. 보이는 대로 보고, 들리는 대로 듣는 순진무구한 갓난아기에서 두 발로 보행하는 그 어른일 뿐인 나. 돌이켜보니 특이한 거 아무것도 없는 데, 복잡한 퇴행의 생각으로 그 옛날 사람 아니라 한들, 나의 본질의 뿌리는 바뀔 일 없지 않는가?

여름이 지나면 찬 기운 가을 가깝고, 정오 지나면 노을에 물든 저녁에 속하고, 중년나이 지나면 피부 늙는 백발노인에 접어든다는 순리는 자연 그대로의 현상이다. 봄물의 아지랑이 두 눈으로는 숱하게 봤어도, 한 번도 손아귀에 쥐어보지 못한 헛된 인생.

부질없다는 여몽(如夢) 이야긴 그만두고, 동안의 부족함 채울 셈으로 한 걸음 내디딘 의미를-새롭게 태어난다면 달콤한 기대 따위에 속지 않고, 안팎이 똑같이 일치한 나다운 몫의 주인으로써, 사람들과 간격을 두지 않고 어울려 지내자는 공평에 두고 있다.

　서로 다름을 수용하는 밀고 나갈 뒷배의 힘은, 지금 현재 시대와 마주하는 복판에 서서 이미지 대중과의 화합이다. 공전의 시간이 지구를 멈춰 세우지 않는 한, 나라는 존재 역시도 걸음을 정지하지 않고, 계속 앞날을 청정하게 열어 나갈 것이다. 그렇게 시간 속에서 숨을 내 쉬고 있는 한 종말은 없을 것이다.

　나의 태양 빛은 가파른 절벽에 가려 침입할 수 없는 계곡 상공을 지나 어느 평지에 다다랐다. 손으로 만질 수 있는 그 표면 위나 아래에는 서로를 경계하며 긴장을 높이는 팽창과 거리 먼, 지금 이 순간의 활기로 생명을 불어넣고 있다. 도태로 스러진 큰 나무가 거름으로 축소되었다 할지라도, 눈에 쉽사리 띄지 않는 작은 벌레들에 안식처를 제공하여 종자번식을 늘리는 표식은, 장군 멍군으로 흥을 북돋는다. 썩어 바스러진 통나무가루를 갈아 제 얼굴 비쳐보는 거울을 만들겠다는 엉뚱한 발상지가 바로 이곳이니 말이다.

　다른 사람들에 영향을 끼치겠다는 염원보다, 지금의 나로 산다면 더는 괜한 힘을 쓰지 않아도 된다. 경우에 맞지 않는다 할지라도 늘 그렇게 편차를 두지 않고, 넓고 깊게 내다보는 안목을 가졌으면 한다. 언제까지나 구속을 받지 않는 자유인으로 살기를 원한다.

왜 사랑으로 보듬어줘야 할까?

　　　　　　누구에게나 열려있는 세계에는 과거의 사람들과 현존의 사람들과 미래를 준비하는 사람들이 함께 공존하고 있다. 통틀어 동시대 인류는 아니나, 옛 선조들의 숨결은 후 세대들에게서 볼 수 있고, 현대인들은 보다 크게 뛰어 넘을 내일의 주인공들인 젊은 이들을 밀어올리고 있다.

　우리가 접하면서 교제하는 모든 사물은 시간의 제약을 받는 유한의 피조물이다. 한번 왔다 본질의 흙으로 돌아가는 일시적인 존재에 지나지 않다. 우리 육신은 그렇게 덧없이 무상(無常)하다. 그러나 오늘의 인류과학이 미지의 먼 화성을 탐구하고 있듯이, 우리에게는 우주에서의 실생활을 그리는 꿈을 가지고 있다. 그러므로 그 운명을 피하려는 한편으로, 그 운명을 동경하는 우리 개개인은 소중한 존재들이다..

　땅의 소산물을 먹으면서, 그 식물들을 자라게 하는 일광의 호흡을 함께 내쉬는 동시대 모두는, 동식물의 경우는 사육의 소유물이고, 사람의 경우는 기쁨과 고락을 나누는 친구들이다. 이 관계가 친밀하면 형제로써의 어깨동무를 하는 경험을 쌓게 된다. 이 바탕에서 한쪽만을 인정하고, 다른 한편을 인정하지 않는다는 것은,

결국 미개척지로 남겨둔 무한을 버리는 것과 다를 바 없다. 삶의 참다움은 서로 영향을 주고받는 순환이다. 현재의 현모인 그들 모두를 안으로 끌어들여서 번식시켜야 한다.

　왜 사랑으로 보듬어줘야 할까? 내 마음이든 상대방의 마음이든, 여름더위 덥지 않게, 겨울추위 춥지 않게 감싸주는 위안이기 때문이다. 나는 지금 통유리 베란다 안에서 겨울 한복판인 바깥을 내다보고 있다. 포근한 날씨는 나쁜 미세먼지 탓에 찌뿌둥하다. 하늘은 흐려 보이지 않고, 입새 하나 없이 헐벗은 대추나무가지 사이로 저 멀리까지 훤히 잡힌다.

　복장 두터운 두 여성이 무슨 작업을 하고 있다. 헌옷가지를 수거하는 사물함 외부 페인트칠을 하고 있다. 솜씨가 능숙하다. 집안일을 잠깐 보고 다시 내다본 바깥, 그새 나이든 두 여성은 자취를 감춘 뒤였다. 전신주 중단에 걸린 가로등 아래 생활쓰레기 배출장소이기도 한 그 자리에는, 타원형 지붕이 한 몸통으로 붙은 상위는 환한 파란색, 자물쇠를 채운 선 부위 아래로는, 옛 색상과 똑같은 초록으로 단장이 새로 입혀졌다. 세워놓기만 하고 방치한 듯이 미관이 좋지 못했던 철제 수거함은, 그렇게 단숨에 말끔하게 변모되었다. 외모세가 순식간에 바뀌었다. 정당한 물건으로서 섬겨지는 재탄생의 모습을 드러냈다. 그러나 본질의 용처는 변함없이 그대로이다.

험담하지 마라. 장단점을 양면으로 지닌 지상의 모든 사물은 나의 도구로써 아끼되, 나쁜 평으로 끌어내려서는 안 된다는 뜻이다. 속 깊이 안아서, 농부가 파종 전에 겨우내 묵은 땅을 쟁기로 뒤엎듯, 나의 역할에 맞춰 변신시켜야 한다는 호소이다. 변신은 옛 것을 지우는 성질을 가지고 있다.

모든 사람이 모든 면에서 동등하다면 남보다 잘해 보겠다는 경쟁은 없을 것이다. 그러나 사회는 경쟁을 통해 실력의 우열이 가려진다. 누구에게나 주어진 현실은 똑같다. 단, 인생설계의 방향을 어떻게 설정하여 거듭남의 훈련으로 다지느냐는 여부에 따라서 신분은 결정된다.

비범한 사람은 보통 사람들의 응원에 힘을 얻는다. 한 인체의 생명은 단 한번만 주어져 있을 뿐이다. 한번 떠났으면 다시는 대지를 걸어 다닐 수 없다는 뜻이다. 그 딱 한번만의 생애이므로, 한 생명의 가치는 천하보다 소중하다.

나이가 들면 피부는 늙기 마련이다. 이와 마찬가지로 세월의 흐름은 누구든 가리지 않고 경륜을 쌓게 한다. 끓는 피 속에서 나만의 사명을 짊어지기에는 너무나도 무거웠다. 내가 이 땅에 왔다 흙으로 돌아간 뒤의 흔적은, 현존이 무구한 세월이 대변해 줄 것이다.

생명은 개체이다.

 지구상의 모든 생명체는 개체이다. 그 개체의 종착은, 아무도 내 삶을 대신 살아주지 못한다는 외로움에 닿는다. 그래서 인간은 살아생전에 정붙이 식구들을 늘리는 차원을 넘어, 사회공동체를 형성하여 그 안에서 주고받는 다양한 교류를 통해, 심리적 위안이 되는 지식정보를 습득한다.

 인간에게는 만물을 다스리는 특권이 주어져있다. 들의 곡물을 거두고, 가축을 쳐 인류의 명줄을 지속적으로 잇대왔다. 시장의 연대를 도모하는 고등동물만이 할 수 있는 고유의 지각이다.

 운이 안 맞아 자신을 비켜가는 중심 도달은 불가능하다. 모습이 훼손되고 모호해져가는 세상살이. 무게 없는 시시한 잡담거리들에 둘러싸인 우리의 삶. 삶의 중심을 친밀로 잡아줬던 사이는 멀어졌고, 생성이 높았던 황홀함은 한 송이 꽃잎처럼 시들어, 이젠 홀로 남은 자그마한 살구열매.

 생각을 달리 돌려본다면 어쩌면 세상 자체가 아무런 의미가 없을 수도 있다. 자신은 태어나지 말았어야 했다며 불행을 씹는 사람일수록 몽상가의 기질이 세다.

 요즘 세대는 인내심이 약하다. 조금만 힘들어도 포기

하는 사례를 쉽사리 엿본다. 인간은 한번쯤은 자신을 견뎌내기 힘든 고난도 훈련을 체험해 봐야 한다. 벌벌 떠는 꽁꽁 추위 속에서 순환으로 맞는 봄철의 온화한 햇살을 피부로 느끼는 맛, 몸소 체득한 사람은 그 감미를 건성으로 넘기지 않고 자질의 영향 분으로 받는다. 나를 더욱 키우는 삶의 기반으로 삼는다.

익숙한 생활에 안주하고 있는 자는 새로운 영역을 개척할 수 없다. 자신을 깨닫는 자기(自己)는 누가 가져다주는 것이 아니다. 완전한 독립성에서 터득된다. 그 과정은 땅 구덩이까지 떨어지는 고독과의 대면이다. 지금까지 자신을 이끈 반쪽짜리 형태를 끊고, 정신머리 식히는 고립에 잠겨드는 것은 자아(自我)를 형성하는 데 지름이 된다.

혼자라는 고독은 좌절감에 쉬 빠져드는 요소이나, 긍정적인 사람에게는 창조를 다지는 기회가 된다.

'곁에 아무도 없이 혼자라는 외로움에 잠긴 그대여, 하고 싶은 특권자유 마음껏 즐기게나. 뭐든 내키는 대로 실험을 반복하여 결실을 맺길 기대해마지 않네. 무슨 일이든 하다 보면 "나는 물러간다. 혼자 잘해봐!"라는 해의 인사말을 서녘의 붉은 노을로 듣게 되리.'

주거 용도보다 투자 목적으로 집을 장만하는 자본주의는 이기심의 복합체이다. 그 이기심이 생동을 불러일으키는 것은 현실이나, 문제는 남의 것을 무단 빼앗으려 사납게 덤벼드는 인간성 상실의 득세이다. 누구보다 돈을 많이 벌겠다는 다툼이 치열한 오늘날의 사회현상은, 인명경시 풍조가 난발되고 있다는 속 쓰림이다. 정신 차릴 수 없는 이런 시끄러운 복판에서 자신이 누구인지 정체 찾기는 백사장에서 바늘 찾기만큼이나 어렵다.

모든 사람을 다 사귈 수는 없다. 휴대전화에 저장해 둔 수많은 사람들의 전화번호는 성공보장이 아니다. 작은 구멍틈새로 나무줄기 한 부분만을 고작 내다보는 안주에서, 나로써 나를 일으켜 세워 십자가를 짊어진 발을 내딛을 때 길은 열린다.

뭉쳐야 살 수 있다며 이모저모의 모임을 결성하여 세력을 불리는 사회는, 운신을 옥죄는 속박거리들이 너무 많다. 조직 강화를 위해 모임(교례)을 정한 종교부터, 법률·회사규칙·회칙 등이 그렇고, 상품을 파는 수요 집단이라 부를 수 없는, 공급만으로 뭉친 무슨, 무슨 봉사단체들의 우르르 몰려다니는 선행의 발길에도 그 기반을 다지는 규율이 있다. 출세를 염두에 두고 공부하는 잠 부족도 자신을 가두는 속박이고, 정해진 근무시간 안에서 부산하게 뛰는 근로자들은 이보다 더 얽매이는 속박이 심각하다. 그 중에 가장 불쌍한 사람은, 손발도 생각도 제 것일 수없이 상사의 령(令)을 배 문지르며 굽실굽실 따르기만 하는 저렴한 신분 자들이다.

하루하루를 극적이고 버거운 삶을 살아가는 우리 가운데는 모두의 안전을 기원하는 질서의 규칙이 있다.

복잡은 혼돈을 낳는다. 서로 양보하는 배려는 공동체의 안전을 도모한다. 그 안에서 누군가가 잡아준 따뜻한 손길, 실연의 아픔을 잊는 그 누구.

인간의 행복은 정신적 자유에서 온다. 그러나 그 안에 '나'라는 의식이 스며들면 자만에 빠져들기 시작한다. 자만은 업보를 쌓기 시작하는 과신이다. 그 부피는 커질수록 사람을 무시하는 성향을 드러낸다. 욕망을 사고(師古)로 착각하면서, 실체는 숨기고 신분 높다는 웃음파리를 한다. 행운의 열쇠를 쥐고 있다는 허구의 교만이 아닐 수 없다. 깊이 없이 책임을 회피하는 자에게서는 사념(邪念)이 대세일 수밖에 없다.

자신의 내면을 알기 위한 필요의 도구는 무엇일까? 때로는 몇 푼 안 되는 시시껄렁한 말이 얕게나마 위안은 될 수 있겠으나, 엄밀히 말해 그건 비위 따위나 맞추는 얄팍한 입술의 꿀방울일 뿐이다. 인생을 전환하는 구원은 될 수 없다.

모자의 손 놀이

　　　　　　　　　　지하철에 탄 엄마-아들. 뒤따르는 외할머니가 등을 떠 민 탓에, 노약자 석에 앉게 된 다섯 살 꼬마아이. 짧은 두 다리 몇 차례 대롱대롱 흔들며 머리를 꺾어 꾸벅꾸벅 존다. 잠든 아들을 안고 목적지에 내리려면 몸이 힘들 것 같다는 경험상을 떠올렸는지, 파마머리 젊은 엄마 작은 체구의 아이를 깨워 놀이에 끌어들인다. 두 손을 마주 붙여서 벌린 엄마의 손아귀에 "보리!"하며 넣는 작은 주먹 손, "쌀!"하며 재빨리 빼던 중 결국 잡히고 만다.
　두세 번 만에 재미를 잃은 아이가 다시금 눈을 감고 잠결에 들려하자, 이번엔 겹쳐 얹은 두 주먹손을 아들 앞으로 내미는 엄마. 양손 검지를 일직으로 세워 어긋치는 아들. 쉽사리 해체되는 엄마의 주먹손. 승리의 도취 열에 안색 환해진 아들. 완충과는 거리 먼 싱거운 놀이에 지나지 않으나, 그 속에는 모자간 뗄 수 없는 사랑의 안전감이 흐르고 있다.
　즐겁게 웃던 시절이 언제던가? 현재의 순간만을 즐기는 아이 같은 동심, 대체 언제 적에 잃어버렸는지 까마득히 멀어 기억이 미궁하다.

산책길에서 본 판자촌

　　　　　　　사는 동네에서 기업명이 붙은 다리 하나만 건너면 바로 접해지는 하천 변 서쪽 방향의 흙길. 그 가녘에 산 동백나무라고도 불리는, 노란 꽃을 막 틔운 생강나무 한 그루가 새봄의 온화한 해살을 쬐고 있다.

　아직도 이런 지역이 있는가 싶을 정도로 시골풍경이 농후한 한적한 들녘이다. 파릇파릇 새순을 떠받든 흙 향기도 그윽하다. 기분전환의 시간을 가져보자는 의도와 딱 맞아떨어져 살맛이 키워지는 평심을 안겨준다.

　서울과 경기도 경계선인 일대는 차량통행이 제법 많은 대로를 가깝게 낀 도심변두리이다. 비닐농사와 컨테이너 보관창고 등으로 나누어진 미개발지대이다. 그 복판에 제법 큼직한 비닐식당 한 동이 있다. 점심시간이 지난 무렵인 데도, 삼계탕·오리고기로 배를 채우는 손님 수 적지 않게 많다. 그 맞은 편 가변으로 5-6대 승용차들이 세워져 있는 걸로 미뤄 꽤 널리 알려진 맛집인 것 같다.

　몇 동의 가건물 사이를 더 둘러보고 다다른 둑길 아래, 낯설지 않는 이름소개 안내판을 목도한다. 기형도 시인의 옛 생가 터이다. 젊은 나이에 요절한 시인이 아직도 낙후 지대로 남은 이곳 동네에서, 드넓은 안양천을 매일 가로질러 머나먼 시흥초등학교를 오갔다니… 보폭 짧은 소년의 걸음 수 헤아림 쉽지 않다. 살아생전에 한 번도 보지 못한 기형도시인은 필자와는 초등학교 동문이다.

그렇게 일찍이 우리 곁을 떠난 시인은 외롭지 않을 것이다. 왜냐하면 광명시에서 그의 이름으로 기념관을 세워줬을 뿐 아니라, 마을버스 한 정류장명도 그의 이름이 붙었기 때문이다. 그리고 그가 남긴 우수한 시구들 얼마나 많은 입에서 애송되고 있는가.

그 일대는 각종 고철을 쌓아둔 고물상과 비계(파이프), 안전발판, 합판 등을 임대하는 현장이다. 둑길 높이에 가려져 저편에선 굴뚝 하나도 볼 수 없는 판잣집 수십 채가 그 옆으로 다닥다닥 널브러져 있다. 좁다란 통로 기준으로 구역이 갈린, 옆집 소음 들을 수 있을 엷은 벽과 벽이 서로 잇대어진 쪽방 촌이다.

가꾸어진 정양이 없어 지름신과는 거리 먼 누군가를 만나러왔다 실망의 쓴 맛을 되씹으면 돌아갈 낮은 지붕 위로는 폐타이어·돌덩이 등이 얹어져있고, 엷은 천이 곧 출입문인 가구도 있다. 길거리에서 주먹밥 먹던 6·25전쟁 이후 흔히 볼 수 있었던 빈천한 주거 공간들이다. 주거환경에 꼭 필요한 작은 물건만을 들일 수 있는 깃털의 살터이다.

반려 견을 앞세운 한 남성주민이 3도 경사면을 막

오르고 있다. 산책에 나서는 모양새다.

끝자락이 한랭에 살랑살랑 흔들리는 현수막 내용을 읽어보니, 생활터전을 잃게 됐으니 해당 부서에서 이주대책을 세워달라는 문구이다. 아마, 일대개발에 관한 얘기들이 물밑에서 오가는 중인 것 같다.

생명의 주권을 동일하게 부여받은 이름 모를 그들도, 삶의 기본을 지키려는 몸부림이 있을 터이다. 그 와중에 돈 많은 뭇 사람들로부터 멸시천대의 욕설을 숱하게 들었을 터이다. 사방에서 찔러대는 그 밉쌀가시의 아픔으로, 지지리 못난 자신의 몸을 사정없이 학대했을 것이다. 그러면서 '나는 왜 이다지도 복이 없는가?' 한탄의 눈물을 하염없이 흘렸을 것이다.

도박관련 지출이 상대적으로 높아 타인의 배려나 사회적 기여에 인색한 물신주의자들. 불규칙 신경증을 충동적인 유흥으로 해소하는 경향의 정서불안증 자들. 절제의 미덕을 잃은 인간사회. 잘난 척, 강한 척하는 불순한 사람들로 넘쳐나는 패권시대. 요란한 포장으로 자신을 소모하는 데 열을 올리는 과소비시대.

돈에 대해 걱정을 않는 부자들은 항상 가난한 사람들을 종으로 부려왔다. 심한 경우에는 가난한 사람의 의복에서는 나쁜 냄새가 난다며 코를 틀어막고 상종을 꺼리는 배척도 불사했다. 이 빈부격차의 갈등은, 인류가 존재하는 한 결코 해결될 사안이 아니다. 되레 날이 갈수록 빈부 간 다툼 심화되고 있는 실정이다.

한 생명체인 모든 사람은 평등하다. 그러나 경제만이 완전한 주인공으로 들어앉은 사회는 이를 인정하지 않고, 신분이 낮고 높은 기준을 정하여 약자를 몰아내는 살벌한 강자노릇을 지속하고 있다. 이 부각에서 언제나 꼴찌로 밀리는 측은, 돈도 인맥도 없는 음지의 사람들이다.

자치구, 또는 국가에서 지원하는 최소한의 금전보장으로 그나마 사람으로서의 구실을 갖춘 그들은 자기 목소리가 없다. 어떻게든 극복하려는 힘을 써 봐도, 찌그러진 냄비 밑바닥에 새까맣게 눌러 붙은 궤적을 지워낼 수 없는 무거운 한숨을 절로 푹푹 내쉬는 가난은, 당사자의 정신마저도 반작용으로 썩게 하는 악취 병이다. 자본주의가 갈라놓은 물질만능의 본질이다.

소소한 작은 것들

　　　　　　　　일에 물리면 신체 역시도 시들해지기 마련이다. 그러나 사람은 일만은 하는 기계가 아니다. 쉬지 않는 근면은 체력의 능률을 떨어트린다. 노동에서 지친 육체는 휴식으로 달래야 한다. 그러나 놀이오락이 지나치면 정신머리는 해이해지면서 본의 아니게 생산성이 높아지는 시간대에 낮잠을 자게 된다. 일할 때의 진중함을 잃고, 낮밤 구분조차 망각한 잠자리는 반죽음 상태나 다를 바 없다.

　신축공사장에 점심시간이 돌아왔다. 식사를 마친 근로자들 냉기 피는 차가운 맨바닥에 깔 종이박스 따위의 용품들을 제각기 찾아들고 쫓기든 재빨리 잡은 자리에 길게 누워 눈을 붙인다. 기껏 이삼십 분 남짓에 불과한 그 잠시 잠깐의 시간에, 이른 새벽부터 해 저무는 붉은 노을 시간대까지 이어지는 긴 고된 노동으로 퍽이나 부족할 수밖에 없는 쪽잠을 채우려는 경쟁이다.

　일머리 미숙한 근로자 굳은 살 없는 실수의 공포 때문인지, 제 역할을 제대로 수행하지 못하고 있다. 잘해보겠다는 의욕을 너무 앞세운 나머지 되레 그 재주에 눌려 누렇게 뜬 눈, 현장반장인지 동료인지 그 한 입으로부터 "굳은 살 없이는 그 일을 할 수 없지"라는 부정의 훈계를 듣는다. 망신의 굴욕감에 톱을 내려놓은 근로자, 남몰래 흘리는 눈물 고운손등으로 닦아낸다.

목숨이 붙어있기에 밥을 먹어야 하고 기력을 일으켜 세우는 그 일용한 양식 비 벌려 인맥 넓었던 신사시절의 자존심 격에 맞지 않게, 대 없이 지표에 붙어 사는 질경이 신세. 아무 때나 사람들의 발질에 밟히면서 비만 내리면 전신이 잠겨드는 수장인생, 부당한 취급이라 하지는 않겠으나, 기만당한다는 슬픈 기세는 떨칠 수 없도다.

옛 명성 인맥고립 무어라 흉을 볼 런지, 바람도 달빛도 위로는커녕 왜 그리 더 깊은 상처로 도지게 하는지, 새로운 창작을 그리는 두뇌에게 묻는다.

소소한 작은 것들은 큰 그릇의 준비이다. 모든 생물은 땅 위에서 생활한다. 근원에 닿아 있지 않는 기반은 아무것도 없다는 뜻이다. 그러므로 모든 일은 상대성에서 발원된다.

필자는 초등학교 6학년 여름방학 때, 단 하루 불특정 다수들에 손잡이용 막대 아이스께끼를 팔아 얼마의 용돈을 쥐었던 적이 있었다.

압박감은 전혀 다른 나의 나로 밀어 넣는다. 존립붕괴 시작이다. 어둠의 밤만이 지배하는 세계에서는, 밤이란 단어는 무의미할 수밖에 없다. 한 치 앞도 내다볼 수 없다는 건 매 한가지이므로, 어떤 설명이 먹혀들까? 애써 긍정의 지식을 길어 올려 미화한들, 어두운 밤이 현실적으로 빛에 의해 물러나지 않는 한 변화는 일지 않기 때문이다.

선천적으로 우울증에 쉽사리 사로잡히는 사람이 있다. 이런 사람의 심리상태는 늘 비관적이다. 자신감을 잃은 데서-삶의 동기를 잃은 데서 비롯된 절망이다. 절망은 희망의 정반대 개념이다. 강박증 역시도 불안장애에 기원을 두고 있다. 경직된 표정으로 누운 잠자리에서 천장을 멀건이 응시하는 습관이 몸에 배어, 밥술 뜨기를 곧잘 마다하는 이런 식의 사람의 특이 성향은, 친절이나 위로의 말 전부를 거짓말이라며 입을 굳게 다문다는 안타까움 이다. 망상의 전형이다.

오늘에 맞춘 현상은 내일의 적절한 의미를 그려보게 한다. 인정하고 싶지 않지만 어쩌랴. 의미는 고정이 아닌, 아침이면 증발로 사라질 내일의 안개인걸. 확정이 아닌 어떤 망연함을 어찌 믿으랴. 그러나 걱정 마시라.

마음 챙김은 현재의 감정을 주의 깊게 살펴보게 하는 도약의 준비, 나에게서 나를 끌어내는 정서지능은 비로소 나에 나다운 자아 발견. 그 방향을 잡아라. 움직이면 나의 변화를 보게 되고, 성숙한 사람은 사사로운 감정에 치우치지 않고, 자신감정의 주인이 되리.

예부터 가장이 문란하면 자손이 위태하다 하였고, 가장의 마음이 편하면 자손이 길하다 하였으니, 아이를 무릎에 안은 어머니의 기도를 들으신 하늘의 하나님, 어머니에게 문을 열어 한 사람을 두 사람으로 만드는 법을 들려주누나. 그 신비스런 응답이 궁금하다. 내가 나를 높이는 칭찬을 늘어놓으면 자화자찬 한다는 욕을 듣게 되나, 오오! 품위 갖춘 노래, 세상에 좋은 본보기로 전해지누나.

지행동물

　　　　　　　길 저편에서 사람이 걸어오고 있다. 그 앞으로 고양이 한 마리가 어슬렁어슬렁 가로지른다. 발가락으로 걷는 고양이는 지행동물이다. 12가구가 사는 오층 건물주인은 고양이맘이다. 이외에 애완견 몇 마리도 키우고 있다.

　1층 주차장 벽면으로 몇 채의 가(假) 집을 만들어, 3-4마리 성체고양이들로 하여금 언제든 쉬게 하고 있다. 그 각별한 보호 덕분에 털빛이 제각기 다른 고양이들은 호강을 누린다. 먹이 걱정을 않는 것은 물론이고, 한겨울 추위도 모르고 따뜻하게 지낸다. 사람보다 더 귀한 대접을 받고 있다.

　고양이들은 저희끼리 물고 싸우는 예 없이 사이가 좋다. 그래서 이동의 목격이 없다면, 존재자체를 잊고 지나친다. 고양이들이 무료를 달래는 행습은, 이편과 저편의 경계선인 낮은 담장을 단번에 뛰어오른 윗면을 편하게 걷거나, 차량 앞 범퍼 또는 지붕에서 네 발을 쭉 뻗어 햇볕을 쬐거나, 줄기를 타고 오른 나무 위에서 아래를 살펴보거나, 바람에 날리는 낙엽을 장난삼아 쫓기도 한다. 아무 데나 누워 이리저리 뒹굴었다, 제 몸털 속을 입 밖으로 내민 혀로 핥거나, 가려운 부위를 앞뒤발로 빠르게 긁기도 한다.

어떤 때는 늦은 밤까지 전등을 켜둔 사무실 앞에서 배를 깐 자세로 누군가를 기다리기도 한다. 그러다 사람이 나타나면 도망부터 친다. 겁이 많은 탓이다.

고양이들 덕분인지 이 동네에서는 쥐를 볼 수 없다. 딱 한번, 이층 창문에서 무언가를 갖고 노는 것 같은 밤색고양이를 눈여겨 본적이 있었는데, 그것은 차도경계 선 따라 살기위협을 피하는 중체 쥐였다. 도망치는 쥐를 쫓으면서 앞발로 그 작은 몸통을 툭툭 치거나, 입으로 가볍게 물었다 놓아주는 짓궂은 장난이었다. 놈들을 오랫동안 지켜보았으나, 중성수술로 새끼를 낳지 못하는 고양이들은 늘 평안하다.

비 내리는 어느 날. 대추나무 무성가지에 가려진 남향 베란다 편 통유리를 열고 아래 화단을 내려다보다 낯선 장면을 목도하게 된다. 배 부위는 흰색 털, 상체 부위는 검은 털로 뒤덮인 고양이가 비를 맞으며 옆으로 누워있다. 명이 끝난 것이다. 몇 시간 뒤 사체는 누군가에 의해서 치워졌다.

눈매 검은 여자

　　　　　　내 나이 센들 무엇 하랴. 나는 연둣빛에 물들어가는 오월을 즐기고 있다. 대로 변 따라 길게 식재된 보행로 고갯마루 붉은 장미도, 꽃봉오리 띄워 내일의 만개를 준비하고 있다. 중천 보름달에 향기 띄우는 아카시아 꽃, 미래를 여는 전나무 바늘잎 상긋하다.

　편의점 온장고에서 따뜻한 캔 커피를 꺼내 조갈을 푸는 손님, 그러면서 앞을 지나는 한 여자를 우연히 발견한다. 긴 머리에 몸매가 앙상하게 마른 처녀는, 길을 잃기라도 했는지 어리벙벙 헤맨다. 그러던 중 소재를 알게 된 편의점 문을 밀고 들어선다. 그러면서 계산대를 지키고 있는 곱슬머리 점원을 향해 베지밀 어디 있는지를 조용한 음조로 묻는다. 생기가 마른 거의 속삭임 수준이다.

　온장고에서 베지밀 한 병을 꺼내든 눈매 검은 여자. 불길한 뭔가에 갇혀 있는 듯이, 어두운 불안정에 떠는 몸짓으로 뚜껑을 대신 열어 달라한다. 보니, 소맷자락이 추켜올려지면서 드러난 하얀 손목 나뭇가지처럼 가늘다. 숟가락조차 들지 못할 정도로 악령이 쇠하다. 그 한 모금을 주걱모양의 턱을 쳐들고 들이킨다. 그러면서 삼키지 못 하는-넘길 수 없는 입 안의 이물질을 갑자기 뱉어 바닥에 흩뿌린다. 성가신 사건이 터졌다는 인상부터 찌푸린 점원이 한 구석에서 들고 온 대걸레로 구토 물을 닦는 사이, 남자손님은 등받이의자에 어정쩡 자세로 걸터앉은 여자의 안색을 가만히 살핀다. 축 처진 시무룩 눈동자-초점이 멀다

무엇보다 체중을 떠받드는 음식의 살이 실하다. 비관과 왜곡으로 가득 채운 창백한 낯빛은, 만사가 귀찮다는 신경성식욕부진 현상을 나타내고 있다. 공황장애강박증에 감정을 조절하지 못하는 주의력결핍증도 엇비친다.

일반적 상식이지만, 심기가 편한 자는 활동으로 생산의 자유를 키운다. 그러나 입맛을 잃어 기력이 약해진 사람은, 그 비극의 고통에만 붙들려있어 자유를 잃고 산다. 문제에 진짜 이유를 알지 못하고 갈지자걸음을 한다. 근심을 더는 깨달음의 말을 넘어갈 수도, 피해갈 수도 없다는 방해물로 여기기도 한다. 기분이 호의하다면 얼마든지 수용이 가능한 현상들이다.

그 힌트의 소재를 곡해로 받아들이는 자는, 침륜에 빠져드는 속도가 매우 빠르다. 아무 맛도 모르는 무취는, 부질없다는 회의에 곧잘 휘감긴다. 시간을 잊는 정합의 해답을 찾지 못 하고, 앞이 보이지 않는 깊은 번뇌에 시달린다. 시간-공간의 협업을 의지대로 맞추지를 못 한다.

사람은 시간 속에서 호흡하고, 시간은 사람을 만든다. 사람은 균형 잡힌 정상의 이성을 갖춰야, 비로소 사물을 바로 볼 수 있게 된다.
　'왜 저리 정신 나간 사람처럼 안정을 찾지 못하는 걸까?'
　남자손님은 습한 기운을 내뿜는 여자의 안위가 걱정되었다. 그는 중심을 잃은 어지러운 걸음걸이로 앞서 가는 여자와 어깨를 맞추면서 미소인사를 건넸다. 마음 따뜻한 누군가의 어깨에 기대고 싶다는 몸짓을 살짝 내비친 그녀는, 낯선 남자의 제안을 순순히 받아들였다. 두 사람은 절정시기를 맞고 있는 큰키나무 이팝 흰 꽃 아래 공원벤치에 두 뼘 간격을 두고 나란히 앉았다. 흙색타일 지표에서 피는 공기는 약간 서늘하다.
　이상하게 두 남녀 간에는, 처음 만난 초면의 서먹함 없이 금세 서로를 편하게 대한다. 다시금 알아가는 새로운 어려움 전혀 일지 않고 수더분하다. 잠시 침묵을 지켰던 여자의 입에서, 마침내 자신 소개격인 말문이 열렸다.
　"저는 성 폭력 피해자예요. 그것도 목사의 신분을 가진 그 아버지에게서 여러 번 당했어요. 친아버지가 아니라, 양의 탈을 쓴 늑대였어요. 전, 오늘 그 성 착취자를 경찰에 고발했어요. 그래서 심기가 편치 않아 술에 취하고 싶어 나온 거예요. 술 사줄 수 있나요?"
　어쩌면 속 시원하다는 말투이다. 그동안 속으로만 끙

끙 앓아왔을 혐오의 창피를 풀어냈다는 안정감이 일말 서려있었다.
"술 주량은 어떻게 되나요?"
"모르겠어요. 술을 마셔본 적이 없걸랑요."
"똑같네요. 나도 술을 입에 대지 않걸랑요."
"그럼, 괴로움 어떻게 잊으세요?"
"걷기나 달리기로요!"
그녀는 믿기지 않는다는 표정을 지어냈다.

여자의 숙명

배냇머리 아기가 엄마로부터 가동대다(아이를 어를 때 다리를 오그렸다 폈다 하는 모양)를 받다, 나비잠(깊이든 잠의 뜻)을 자고 있다. 티 없이 맑고 고운 귀여운 모습의 아기는, 어르고 달래는 어른들의 숨을 꼴까닥 멈추게 할 정도로 집안 분위기 환하게 밝혀준다. 천사가 따로 없다.

엄마는 차를 마시며 창밖을 내다본다. 연초록 색상으로 무릇 자라가는 잔디밭. 햇살 고운 소생의 기운이 한가하게 떠 흐른다. 기분 환기를 좋게 하는 천상의 건강이 그 안에서 평안한 숨을 내쉰다.

한 생명의 시작의 뿌리는, 남편의 정자를 받아들인 여자의 난자와 합쳐진 여자뱃속의 태아시절부터 비롯된다. 그 열 달 후 산모는 몸을 풀면서 아기의 울음소리를 듣는다. 그렇게 얻은 젖먹이 아가와 한 지체로 일상을 함께 하게 되었다.

오늘의 나도 모든 엄마들처럼, 엄마이기에 앞서 낳아주신 엄마의 젖을 주식으로 삼았던 갓난아기였었다. 그 꼬맹이계집이 어느덧 아기를 품어 안은 어엿한 성인의 엄마가 되었다.

그 아기를 외출 때마다 안거나 엎고 다녀야하는 양

육의 책임부담 지치도록 무겁다. 개인적 희생이 너무 크다는 불만이 팽팽하다. 하늘이 정해내린 여자의 숙명 십분 수용한다 할지라도, 감정이 들쑥날쑥 수시로 바뀌는 여자의 심사로는, 이 때문에 운신이 영 편치 않음을 고백한다. 잠시도 눈을 뗄 수 없는 아가에게 모든 시간을 맞춰야한다는 점도 신경성 원인으로 작용하고 있다.

식사준비나 빨래를 하다 잠에서 깬 요람아기의 울음소리 들으면, 즉시 일손을 놓고 품에 안아 어르고 달래는 애정은 이토록 성가심이 잦다. 아기에게 붙들리는 시간이 진종일이다 보니, 알게 모르게 잔병치레에 시달리는 고통을 겪는 경우도 다반사다. 목구멍 아닌 발뒤꿈치로 숨을 쉬고 있는 태식(胎息)의 호흡이랄까? 자존의 희생치고, 가치 영역이 쥐어지는 물질로나, 만져지지 않는 비물질 환경이 매우 비좁다는 느낌을 떨칠 수 없는 현실이 답답하다.

어느 날, 거울을 마주본 그녀 새삼 놀란다. 어디서 많이 본 듯하여 앉음새는 들었으나, 그 너머로 나이 들어 보이는 누군가의 낯선 얼굴이 비쳐졌기 때문이다.

"아니, 이게 누구래? 할망구네."

그때, 아기를 목욕시키고 재우는 힘을 반복적으로 쓴 육아의 후유증 탓인지, 어깨와 팔의 저림이 느껴졌다. 큰 통증이 아니라 별 신경을 쓰지 않고 뒤로 미뤘다. 문제는, 한때 미인이다 칭찬을 들었던 그 얼굴이 아주

못 생겼다는 변형이었다. 속상하도록 걸림이 컸다. '여자는 정적인 삶을 살아야 한다?'

그녀는 아기엄마가 된 후부터 사람들의 눈빛이 애틋하지 못함을 비로소 깨달았다. 침묵의 공포 성 살해인 스트레스를 더 이상 견딜 수 없게 된 그녀는, 밉상의 흉상을 지울 셈으로 성형수술을 떠올렸다. 갈고닦는 미인 만들기에 생애를 걸었다. 턱뼈를 깎고, 위로 솟구쳐 정면에서 봤을 때, 콧구멍이 크게 돋보이는 들창코-짧은 코끝이 펑퍼짐한 모양새을 뜯어 고치는 수술대에 몸을 뉘였다. 비싼 비용을 지불했다. 거울 앞에 선 그녀의 표정이 밝아졌다.

며칠이 지났다. 그동안 자신의 아름다움에 한껏 들떠 시간을 잊고 지낸 그녀는, 꾸민 외모를 자랑으로 뽐낼 겸 모처럼 고등학교동창 점심모임에 참석했다. 친구들의 반응은 시큰둥했다. 한 친구를 붙들고 원인을 캐물었다.

"과거의 너의 너인 개성이 사라졌어!"

3차 접종을 마친 날

　　　　　　필자는 개인적으로는 코로나백신은 안 맞아도 된다 싶을 정도로 나이에 비해 꽤나 건강한 편이다. 아픈 데가 없으니, 지금까지 병원과는 거리를 두고 살아왔다. 당연히 약 복용은 물론이고, 살피를 뚫는 주사도 맞을 이유가 하등 없었다. 그럼에도 2차 접종 4개월 후 왼팔을 다시 걷어 잠깐인 따끔한 주삿바늘을 3차로 받아들인 까닭은, 나보다 사회와 공감대를 넓히자는 라포(rapport) 정신에 따른 구득(求得)이었음을 고백한다. 나로 인해 주위에 안전한 분위기가 조성된다면, 그것으로 족하다는 기본공익의 작용이었다.

　3차(부스터샷=화이자) 접종을 마친 날은 2021/12/21 오전 10:34분이었다. 2층 동네의원이 한산하여 당초 예약한 11시에서 앞당긴 시각이었다. 이날 저녁 무렵부터 몸 상태는 시름시름 기운이 처지는 현상을 나타내기 시작했다. 이상하게 식욕이 당기지 않아, 절로 식음을 전폐하는 과정을 밟게 됐다. 접종 전 미리 채워둔 아침식사 덕분에 그나마 체력이 유지되고 있어 바닥으로 쓰러지는 실수는 안 했으나, 심화된 피로 도는 숨결조차 귀찮게 여기며 매번 몸을 누이는 무기력한 약함을 드러냈다.

집중력이 크게 떨어져 일상이 무너지고 말았다. 아무 것도 할 수 없었다. 혹, 죽음에 이르는 병이 아닌지 지레 걱정은 내내 우울증에 시달리게 했다.

인쇄를 마쳤을 장편소설 『삶의 숨결』 출간 왜 이리 늦는 건지, 확인 시도도 하지 못하고 그만뒀다. 만사가 귀찮아졌다. 실상 죽은 몸이다. 그러나 장례를 기다리는 죽은 사람은 아니었다. 죽은 사람은 누워있기 마련인 데, 나는 앉음 자세에서 일어나 서 있다.

육체도 정신력도 캄캄한 지하바닥으로 축 쳐져, 도무지 기운을 끌어올릴 수가 없다. 순간, 백신접종 후회가 강하게 밀려들었다. 동시에 한 고등학생이 정부의 전국민적 강제정책이 직권남용 아닌지 판단을 내려달라는 제소(대통령·복지부장관·질병청장 등) 건을 헌법재판소에 올렸다는 전날 인터넷기사를 어렴풋이 기억해 내고, 미접종 자들의 항변과 보조를 맞추자는 결의를 불태웠다. 이스라엘에서 설계 중인 4차 접종을 우리도 도입한다면 절대 응하지 않겠다는 다짐을 내렸다.

부작용은 이뿐이었다. 예전 회복을 기다리며 실로 몇 년 만에 성경을 펼쳐 몇 페이지 읽은 다음 짧은 기도를 했다. 변화는 일지 않았다. 매일 저녁마다 세발을 하면서 면도를 하는 일과도, 크게 도진 짜증의 불만으로 일찌감치 잠자리에 누워 눈을 감았다.

해가 바뀐 금년 3월에 좌파정권의 종말이 내려졌다. 보수정권이 나라 운영을 시작한지 2개월 전후로 코로나 확진 자 수 급속하게 늘었다. 언론보도에 따르면, 하루에 수만 명씩 불어나는 추세이다. 4차 백신접종을 권고하는 문자가 날아왔다. 거기에 응답하고 싶지 않는 -일찍부터 경세(經世)를 등진 재야 문사인 필자는 응답을 안 보냈다.

73세 할머니

　　　　　마스크로 코와 입을 가린 여성이, 기억을 헤매는 눈치를 한동안 굴렸던 눈빛을 활짝 편다. 필자 역시도 안면이 익다는 기억을 저변에서 살려내며, 몇 마디 시작으로 대화의 문을 열었다. 그렇게 우리는 신기루 같은 옛 추억을 공유하며, 냉방으로 시원한 교회에서 태양이 뜨거운 바깥으로 나왔다.

　한산한 동네 뒷골목 이차선차도 변 길을 함께 걸으면서 묻지도 않았는데, 스스로 73세 나이를 밝힌 할머니. 둑 터진 듯 혀의 말을 두서없이 쏟아낸다. 잠시도 쉴 새 없는 명랑한 빠른 말솜씨는 끝없이 이어진다. 틈이 안 보여, 그 말 사이에 간격을 띄울 수가 없다. 정상 대화가 전혀 배제된-제 기분에 사로잡혀-상대방의 안색을 전혀 살피지 않고 혼자 떠드는 입에 재갈을 물리지 않는 한 끝없이 이어질 것 같다. 제멋대로 마구 날뛰는 망아지처럼 자유롭게 풀린 입담, 어떤 감정으로 수용해야 할까?

　우선, 독거노인이라는 외로운 처지의 환경을 떠올려본다. 혼자 살기에 외로움이 극에 달해있는 사람은, 첫째 말동무가 필요하다. 입안 냄새 고이도록 핏기 마른 입술을 꾹 다물고 있는 시간이 무한정 긴 노인은, 자신의 과거 이야기를 들어주는 상대를 제일로 좋아한다. 그렇지 않고, 업무 보듯 잠시 들렀다 등을 지는 사람들을 제일로 섭섭해 한다.

여전히 생산적 일을 하고 있는 노인이라면, 그 일에 묻혀 과거 회상에 쉬 잠기는 측은한 외로움을 그나마 잊을 수 있겠으나, 무료감을 달랠 소일거리가 딱히 없어, 자나 깨나 오늘은 어디서 뭘 할까? 한숨을 내쉬며 먼 산만 바라보며 보내는 일과는, 정말 못해 먹을 지루병이다. 열심히 다닌 직장에서의 퇴직 후 퍼지러지게 쉬는 것도 한 이틀이지, 마누라 혹은, 영감의 밉쌀의 눈총을 받으면서 뒹굴뒹굴 밥만 축냈다면, 이보다 고문인 허송세월은 없을 터이다. 온갖 잡념에 시달리는 것은 반죽음이나 다를 바 없다.

더구나 6·25사변 전후로 태어난 지금의 70-80대 고령 인들의 태반은, 학교공부를 할 시기에 수확기를 마친 후, 두 손 두 발을 가만히 내버려 둘 수 없이 곧바로 겨울땔감 마련에 나설 수밖에 없었던 시골생활에 사력을 바쳤다. 여자의 경우, 부모가 정해준 남자와 결혼하지 않는다는 이유로 두들겨 맞고 방에 갇히는 그 부자유함 속에서 설음의 눈물을 흘려야만 했었다. 그러니 그때의 근근한 품팔이 경력만으로는 오늘의 시대를 이끄는 고도의 첨단산업에서는 거의 불필요 대상으로 내몰리게 됐다. 그 환경에 환상인 동시에 현실인 돈 문제에 쪼그라진 살림을 채워보려 나선들, 할 수 있는 일이라고는 짧은 시간의 가벼운 허드렛일뿐이다.

어떤 일이든 하는 사람은 기회가 가까이 있음을 안다. 기회 포착은 기쁨을 안겨준다. 그러나 늙은 몸의 가난은, 죽음에 가까워진 운신의 폭을 상당히 좁힌다.

다른 건 제쳐놓고 천성적으로 명료하지도, 뼈대도 없는 할머니의 입담 속도는 참 건강하다. 언제부터 언제까지 청소 일을 했고, 노인연령에 접어든 현재 침 한번 맞는 데, 1,600원을 지출한다는 국가대우에 감사를 빠트리지 않고 되뇐다. 사람들이 숫자에 불과한 나이를 가리며 쓰려 하질 않아서 그렇지, 무슨 일이든 하고 싶다는 욕구는 젊은이들 못지않게 대단히 열렬하다.

흐르는 것은 유심히 살펴보지 않아서 그렇지, 언젠가는 제 자리로 돌아오는 회귀성을 지녔다. 말하자면 모든 만물은 하나의 유기체로 맺어져있다는 뜻이다.

할머니와의 인연은, 어느덧 저 먼 시간에 묻혀 색이 바라진 시대로 거슬러 오른다. 신원신상에 대해 아무것도 모르는 할머니를 처음 알게 된 장소는, 1세기에 이른 역사 깊은 교회에서였다. 그 공간에서 매주 스쳐 지났을 뿐 개인 간 얽힌 연은 없고, 한번은 한참을 헤맸다 간신히 찾은 머나먼 외지 강화도 나눔의 집에서 뜻하지 않게 본 적이 있다. 받은 은혜 보답으로 남을 섬기는 봉사정신이 강한 교회권사가 운영하는 소규모 복지기관에서였다.

그 후부터 서로는 10년 넘은 세월을 잊은 채로 지내

왔다, 오늘 모처럼 대면을 하게 된 것이다. 역시 나이는 속일 수 없다. 염색 벗겨진 누런 빛발의 숱이 헐거워져 작게 보이는 두피가 훤히 드러나 있다.

막대하드가 무더위에 녹으면서, 목재테이블 위로 뚝뚝 떨어진다. 그 과일즙의 검은 방울 점점을 휴지로 닦아내면서 계속 입을 열어둔 할머니. 필자가 시선을 거두고, 또 다른 일행과 본 얘기를 하려는 그 마디를 대뜸 끊고 참견부터 내뱉는 할머니. 너무 시끄럽다. 오랜만에 만난 회포이겠으나, 입이 가벼운 성질은 정도가 아주 심해 정신이 혼란스러울 지경이다.

필자가 마스크를 내려 턱에 걸치고 커피음료를 한 모금 들이키자, 그 당시의 널찍한 얼굴을 미시감(未視感)으로 들려주는 할머니. 필자는 대응을 피하고, 웬 말이 그리 많나 핀잔을 역질문으로 던진다.

"그래, 난 말이 많아. 고쳐볼 테니 가르쳐 줘."

무례한 반말이 되레 친근함으로 들린다.

"아무도와 말하지 않는 하루 5분씩 침묵을 지키는 훈련부터 시작해봐!"

황토원고를 받고

　　　　　　　인체는 역시 밤잠을 자야 기분을 개운하게 안정시킨다. 어제 이어 오늘도 푹 잔 밤잠에서 일어났다. 아직 동이 트기 전인 새벽하늘은 푸르게 맑다. 그 중천에 며칠 전 둥근 슈퍼 문에서 일그러진 하현달이 서녘 방향으로 둥실 떠있고, 대추나무 밑동을 둘러싼 풀벌레 소리는 선선한 기운을 북돋는다.

글 쓰는 노동시간이 주로 한밤중인 필자는, 아침식사는 거의 못하는 편이다. 졸음이 밀려들어 절로 눈이 감기는 새벽녘에 잠자리에 누워 한숨 자고 깨는 시간이 대체로 정오 무렵이기 때문이다. 하나, 오늘은 일과가 뒤바뀌어 모처럼 조식을 챙겨 먹었다.

한풀 꺾였다고는 하나, 흰 구름 몇 조각이 떠 흐르는 하늘 높은 오전의 일기는, 여전히 무더운 기후를 머금고 있다. 운동이 필요한 신체이다. 어깨에 빈 배낭 걸치고 집을 나섰다.

이른 시각이라, 문 연 상가 수 극소수이다. 한데, 행선지 긴 지방기차와, 구간이 수도권에 한정되어 있는 전철이 함께 오가는 역 입구 한 야채가게만은 유독 사람들로 붐빈다. 지나다니며 매번 보아온 활기 넘치는 광경이다. 사람들을 불러들이는 그 비결의 유입이 궁금하여 처음으로 발을 들인 가게 면적은, 99,174(30평)제곱미터 정도의 크기이다. 종목 별 뭉텅이로 그냥 진열한 야채류는 신선하다. 가격 비교도 저렴한 편이다. 대형마트에서 2,500원 선인 대파 한 단이 1,500원, 두 단에 2,500원이란다. 소량 품목인 버섯·고추·색깔이 다양하게 예쁜 파프리카 등의 가격표도 부담이 덜하여 구매 유혹을 받는다.

한 바퀴 돌면서 선별해 골라 담은 야채바구니 계산을 치르려 긴 줄을 형성한 아낙네들. 그 한 사람씩 대하며 손 계산기로 합계를 뽑아 오로지 현금만을 받는 키 작은 여성, 손놀림이 대단히 민첩하다. 혼자서 뒤편 벽면 못에 걸어둔 크고 작은 비닐봉지를 단번에 얼른 잡아 뜯고, 품목 별로 담기까지 하는 솜씨 한 점 빈틈없이 신속하다. 한 눈 팔 수 없는 그 바라지기 중에도 손님과 시답잖은 짧은 몇 마디 인사말까지 주고받기도 한다. 다져진 학습이 받쳐져 있지 않다면, 그 간단한 일도 하지 못한다는 일상을 감안해 볼 때, 그녀는 적어도 그 방면에서는 달인이다. 저렇게 일에 몰두해 있는 동안은, 이면의 처지를 비관하는 슬픔 따위에 무릎을 꿀 여력이 없을 터이다.

구매자들 속에 낀 필자는 절로 미소를 머금는다. 코로나19 유행이 여전히 기승을 부리고 있는 가운데, 고물가 시대에 한 푼이라도 아껴보려는 알뜰한 살림으로 어떻게든 삶의 의욕을 잃지 않겠다는 저력을 읽었기 때문이다.

　노란참외 4개 5,000원, 손질된 당근 한 무더기 2,000원 도합 7,000원. 참외의 경우 동네가게에서는 똑같은 개수에 11,000임을 감안하면, 6,000원을 번 셈이다. 기분 좋게 현금계산을 마치고 가게를 나온 필자는, 외출의 목적지를 향해 발길을 서둘렀다. 등에 짊어진 어깨배낭 무게 결코 가볍지 않다. 벌써부터 등에 땀이 배었다.

　어떻게든 살아남겠다는 사람은 고생을 무릎 쓴다. 역으로 해가 지고 뜨는 시각만을 그저 셈하는 사람은, 하루하루가 재미없이 똑같다.

　시원한 냉방도서관! 전혀 낯선 흙집건축에 관한 내용을 들여다보려, 그 참고서가 될 만한 책 3권을 손수 골라 접수실 전자기기에 올렸다.

　전처럼 휴대폰엠이 안 뜨자, 사서가 성함과 주민번호를 불러 달라한다. 순간 열이 치밀었다. 젊은 계집애가 등받이회전의자에 꾹 눌러앉아서, 빤히 올려다보며 나이 많은 할아버지뻘 어른의 신분을 함부로 털려한다는 무례에 따른 노기였다. 날카롭게 예민해진 그 감정이 실린 발이 한발이라도 나서기만하면, 욱 하는 성격상 공공도서관이라는 환경을 무시하고, 그대로 버럭 고함을 내지르고 말았을 것이다.

　용케 체면의 이성으로 억눌렀기에 망정이지, 왜 당연한 사무요구를 그토록 고깝게 듣고 반감을 들어 올린 걸까? 어르신을 깍듯한 공경으로 섬기지 않고, 말로만 일처리를 한다는 불경의 격분이었을까? 하긴, 요즘의 젊은 애들은 예의를 모른다. 배려의 친절이 부족하다.

  결론의 반성은 누구를 탓하기보다 마음을 다스리는 수양이 부족하기 때문이었음을 고백하는 바이다.

  서예학원 원장친구 소개로 교류를 튼 김충용 선생은, 연세가 퍽 드신 분이시다. 20대 젊은 시절에 생업거리를 찾다, 찰떡궁합으로 손을 붙이게 된 황토 흙 연구자 분이시다. 지금은 일선에서 물러나 있고, 중풍의 후유증으로 지팡이 짚는 장애인이시다. 말도 어눌하여 의사표현도 서투시다. 그분께서 그간 보관해둔 어깨가방 가득 분량의 일선업적 자료 전부를 필자에게 맡겼다. 책으로 출간했으면 한다는 바람과 함께....

  필자의 새로운 작품(산문) 쓰는 일을 뒤로 제처 두고, 저장파일이 없어 일일이 수(手) 작업을 거치는 과정해서 파악한 전체 분량은, 당초 머리를 무겁게 짓눌렀던 엄청난 양과 현격한 차이를 알게 되었다. 헤아릴 수 없는 긴 세월동안, 낡고 묵은 앨범 안에 꾹꾹 눌러 붙어 떼기가 쉽지 않았다, 마침내 큰 숨을 내쉬게 된 색 바란 옛 현장사진들과, 당시 고용직원 한 명이 그때그때 기록했다는 컴퓨터 인쇄물도, 현대문법과 맞지 않게 반복적으로 늘어놓은 불필요 문장을 탈락시켜 추려낸 분량은, 얼핏 잡았던 예상의 800~1000페이지는커녕 100페이지 조금 넘지 않을까 싶다.

거의 한 달째 매달리고 있다. 최종 마무리는 아직 멀었다. 그럼에도 교정과 편집을 대략 마친 그 내용 한편을 뽑아 이 책에 소개로 담았다.

《흙이란 존재는 무엇일까?》
'우리 인간들은 죽도록 흙을 밟아야 하고, 또 흙에다 뿌리를 내려야 한다. 우리나라 전 국토 65~70%는 산지가 차지하고 있다. 그 산등선 모양새 각 지방, 또는 지역마다 다르듯이, 그 안 계곡에서 졸졸 흐르는 물맛의 성질도 제각기 다르다. 지극히 작은 한 몸이 삶의 모든 기반을 수렴할 수는 없겠으나, 시간 범위 내에서 길 따라 발품을 두루 판다면, 식견 넓어지는 건 문제가 아닐 터이다.

세상물정의 배움터는 국토여행이다. 인간의 근원은 먹을 식물의 씨를 묻는 흙이다. 인간은 그 토질 위에서 사랑을 나누는 한편으로, 아등바등 싸우며 날로 성장한다. 그러면서 하루하루 죽음을 향해 나아간다. 자연섭리의 순환이다. 이 과정에서 어렵고 힘든 상황에 직면하면, 종교인은 믿음을 둔 그 신에게 소원성취를 기원하는 기도를 올릴 것이고, 어떤 이는 외세에 흐트러진 정신력을 다 잡으려, 선견지명이 높은 누군가의 고요한 손길의 은총을 바랄 것이다.

너나없이 벌거벗은 아기의 빈 몸으로 세상에 태어난다. 오묘의 이해가 쉽게 와 닿지 않는 게 세상살이다.

그런데 누구는 돈 많은 부자로 평생을 살고, 무슨 저주의 까닭인지는 몰라도, 동시대 그 누군가는 침상의 병자로써, 또는 찢어지는 가난의 고생을 끝내 떨쳐 내지를 못하고, 모든 육체의 재질인 흙으로 돌아간다.

  필자는 이렇게 말하고 싶다. 노력하는 자만이 살아 숨 쉬는 존재로 남게 된다. 그렇다. 신은 시련을 견디는 이를 악물고, 천성(天城)을 향해 나아가는 사람을 긍휼이 보신다.'

  차후에 누군가가 이 책을 읽고 활력을 불어넣는 원고를 맡기지 않을까? 기대 찬 운을 걸고, 두 달 가까이 매달려서 겨우 규격을 갖춘 원고의 첫 번째 부각은, 팔릴 책이 아니다. 라는 짐의 비관이었다. 고도로 발달된 첨단산업의 시대와 한참 먼-새끼줄에 매단 메주 냄새 풍기는 겨울철 구들방 안방이야기에 지나지 않는-시답지 않는 내용을 담은 원고이기 때문이다. 또한, 출판이나 책에 관해서 전혀 문외한인 자료보관자 입장에서는, 그 비용을 댈 형편도 아니다. 게다가 옛 인연을 상기해서 책을 사겠다는 환경배후의 인맥 층도 극히 엷다.

  이렇게 된다면 그간 각고를 바친 편집 및 교정 본 비용은 물론이고, 각 서점에 배포할 차후 비용도 고스란히 떠안을 판국이다. 실낱의 희망을 건 몇 백 만원의 수고비를 아예 한 푼도 건져 올리지 못할 수도 있다. 이러면 가뜩이나, 재정 취약으로 사회적 영향력을 좀처럼 끌어올리지 못하고 있는 형편인 출판사로서는, 여느 때처럼 최악의 늪에 기약 없이 더 머물러있어야 한다는 해명에 닿는다.

돈이 안 된다는 비관은, 서예를 닦는 수강생 여러 명 앞에서 뭉치의 자료집을 넘겨받을 때부터 충분히 가늠은 잡았었다. 더구나 노인은 경제활동을 완전히 접은- 할 수 없는 장애인수당 수급자이다. 가방을 통째로 넘긴 날에, 편치 못한 지팡이걸음으로 이끈 현금자동 인출기(ATM)에서 인출한 50만원을 계약금조로 받기는 하였으나, 이 돈으로는 영업상 비율과의 간극은 한참 멀다.

이런 사유로 제쳐둔 보류기간은, 어느덧 몇 개월을 넘겼다. 그러던 어느 날, 나이가 많아 동력을 놓은 동년배 친구로써의 노인에게, 계산적 금전을 떠나 인생 마지막 선물쯤은 안겨줘야겠다는 생각을 돌연 떠올리고 준비에 임했다. 앞서 필자의 신간 《소년의 오늘의 노인들》 장편소설과, 시문집 《편지의 연인》 두 권을 순차로 낸 바 있는 부크크에 원고를 일임했다. 자비출판 성격의 부크크의 장점은, 저자 편에서 전송한 파일 원고를, 저희 편에서는 손 하나 대지 않고, 자체 그대로를 책으로 내준다는 것과, 주문 제작(POD)이라 재고 걱정을 안 해도 된다는 점이었다. 그렇지 않아도 3년 전 겨울에 출간한 두 종류의 책을 여적 처리하지 못하고, 재고로 쌓아두고 있는 형편이다. 이전의 책들은 무상으로 나눠주는 형식으로 처분을 완료했다.

  이 측면의 경비 면에서도 출판사로서의 기반을 아직 못 갖춰 천생 맡길 수밖에 없는 표지 작업 이후, 반드시 주문을 해야 원고 올릴 시 동시에 지정한 서점들에 들어간다는 10권의 책값도 부담이 아주 적다. 이전까지 책을 낼 적마다 몇 백 만원씩 지불했었다. 그때마다 한없이 깊은 절벽 아래로 추락하는 암울한 적자를 감내해야만 했었다. 그 비용의 10/1의 일도 채 되지 않으니, 걱정의 강도가 약해진 건 사실이다. 외주 약 이주 만에, 총 137페이지 분량인 《우리의 황토 집》을 앉아서 받았다. 이후, 노인에게 전화를 걸어 언제 만나자는 약속을 잡았다.

백수노인

서해 끝자락 전남의 한 동네. 인가(人家) 없이 한산하다. 이편에선 야트막한 산림능선에 가려져 보이지 않는-서너 가구가 사는 윗동네와 곧장 연결된 경사면 도로 좌측 변으로, 간이건물 컨테이너 한 동만이 고작 시야에 들어올 뿐이다. 그 이면차도 건너가 뭍과 잇대어진 서해바다 끝자락이다. 미개발지대라, 웃자란 오월의 연초록 풀들로 온통 둘러싸여 있다. 그 뒤편 퇴적층이 겹겹으로 두텁게 쌓인 야트막한 산지도, 속을 들여다볼 수 없을 정도로 수목이 녹색 푸르게 울창하다. 자연 풍경 그대로이다.

 그 도로 중도에 일자 형 10미터 남짓의 편평한 샛길이 있는 데, 한 동뿐인 컨테이너 진입로이다. 승용차 한 대쯤은 능히 다니는-표면이 단단하게 굳은-흙먼지 날리는 비포장 길목이다. 그 진입로 한복판 좌측으로, 황톳물이 반나마 정도 담수된 수심 깊은 원 모양의 웅덩이가 있다. 둘레 지름이 대략 3미터쯤 될 성 싶은-잔돌멩이들이 곳곳에 박혀있는 큼직한 흙벽 안에는, 문짝 없는 냉장고와, 나무상자 같은 물건들이 처박혀있다. 해풍이 실어 날랐을 과자비닐봉지 따위도 둥실 떠다녔다.

문득, 자리만의 웅덩이를 연못으로 조성하는 시기에 맞춰, 일대를 정비하여 사람들을 유입하는 관광지로 탈바꿈했으며 좋겠다는 생각이 머리를 스쳤다.

자외선이 강해 제법 날이 뜨거운 데도, 노크에 꼭 닫은 컨테이너 문을 열고 보통 신장의 체모를 드러낸 사람은, 헝클어진 백발에 짙은 눈썹 아래 두 눈빛은 잔영의 잠결로 흐리멍덩하고, 덥수룩 수염의 안색은 햇볕에 검게 탄 칠순노인이었다. 거덜 난 노숙자처럼 아무렇게나 걸쳐 입은 후줄근 복장에서는, 기개 따위는 전혀 찾아볼 수 없이 맥이 풀려있다. 진종일 허리 구부려 누워만 있는, 나태와 게으름이 배태되어 있을 뿐이었다.

몸을 움직여야만 해결될 일은 얼마든지 널려있다. 컨테이너 통행로 주변의 무성 잡초부터 뽑은 다음, 그 맞은편 행색이 허름한 창고 같은 건물 앞 수풀 속에 버려진 듯이 아무렇게나 방치되어 있는-골동품상점에서나 볼 수 있는 대형돌절구·석 수반 등을 바로 세워 존엄의 가치를 높여주는 수고를 마친 후, 철제울타리 안 한 마리 흑염소에게 풀을 먹이는 애착이라도 보인다면, 그나마 생환은 돌 것이다.

아무 것에도 관심을 두지 않는 어리숙한 노인이다. 근 두 달여 독수공방 생활을 하는 동안, 바깥세상과 동떨어져 지낸 침침함 때문인지, 무덤덤한 수동적 행동에서는, 타인과 거리를 두려는 불협화음의 바람기운이 멀뚱멀뚱 차갑다.

침실 겸 부엌인 컨테이너 좁은 내부는, 정리가 안 되어 있어 돼지우리 같고, 수도꼭지 달린 스테인리스싱크대 상판에 널려있는 소량의 식기류, 코드 뽑힌 빈 전기밥통, 유통기한이 지나도록 묵혀두고 있는 몇 가지 캔 식료품이 들어있는 냉장고의 미지근한 온도, 도대체 취사는 하는 건지 깡그리 메말라있다.

　"뭘 먹나?" 친구로서 물으니 기어드는 마른 갈대 목청으로 "라면만 먹는다."라는 답변이 이내 돌아온다. 실상, 은색이 반짝이는 라면봉지 안에는, 쪼개서 남긴 생라면 반 토막이 난잡한 싱크대 위에 얹어져있었다.

　제 몸 관리도 구질하게 못하는 그에게 살아보겠다는 비장의 싹은 진정 있는 걸까? 과연, 사내답게 과감히 일어나서 어떤 멋진 뜻을 펼쳐보겠다는 의지의 뿌리, 진정 묻어두고 있기는 한 걸까? 속을 알지 못하는 어섯눈으로는 규격이 그려지지는 않으나, 아직은 체력적으로 건강한 편인 그의 전례로 미뤄 나이에 지쳤단 타령은 다행히 않고 있다.

　말단공무원 퇴직 후부터 백수생활 13년 차인 그는 생활력이 강한 아내는 물론이고, 분가하여 각각 멀리 떨어져서 지내는 두 자녀로부터도 가장으로서의 인정을 받지 못하고 있다. 욕설 험악한 지랄망정의 성질답게, 잔정이 터럭도 없어 밉상의 대상이 된지 오래다. 아마, 그래서 시비 잦은 화를 잘 내는 인물로 낙인이 찍혔을 것이다.

특히, 아내로부터 죽어버렸으며 읍소를 절로 머금게 하는, 아무짝에도 쓸모없어 있으나마나한 소아근성의 노인. 평소에는 말수가 적거나 없어 숙연해 보이나, 사람들과 어울릴 시에는 곧잘 입을 여는 그에게는 찬사를 붙일 거리가 딱히 없다. 딱 한 가지 건져 올린다면, 날마다 드나드는 장소에 한해서, 한두 번 해본 일은 시키지 않아도 의례 때 맞춰 잘한다는 것이다. 그러나 집안에서만은 손가락 하나 움직이지 않고, 수시로 자세를 바꿔가며, 때로는 가수(假睡) 상태로 텔레비전 화면만을 줄곧 들여다볼 뿐이다.

한마디로 집안 형편에는 전혀 관심을 두고 있지 않다. 그 하나부터 열까지 몸매가 가늘게 말라 약해 보이는 아내의 전적 몫이다. 하는 일이라고는 늘 왕처럼 뒷짐만 지고 있다, 무시하는 멸시를 퍼붓는 타박이 전부이다. 아마, 그 혹독한 뒷바라진 고생 때문에, 한 여자는 살아보겠다는 내력을 약분(約分)하며 꼿꼿하게 키웠을 것이라 사료된다. 그 아내와의 나이 차는 다섯 살이다.

멋도 모르는 처녀시절 때 시집을 잘못 와 남편 같지 않는-도맡은 가사 일로 온몸이 겹첩으로 쑤시고 아픈데도, 듣고 싶은 가슴 데우는 애정 찬 위로는커녕, 병원도 혼자 가도록 내버려두는 정나미 없는 무지렁이 인간. 외식이나 가까운 공원산책 한번 없이 생과부로 지내게 하는 정신이상의 무정한 남편. 삼시세끼니 걱정

않게 먹여주면서, 이것저것 챙겨주는 고마움을 일절 모르는 냉대의 무관심 자. 남의 사정을 도통 이해하려 하질 않는 성질로 양을 매긴다면, 영점일 수밖에 없는 빈 자루 인물. 이 한 맺힌 싸대기 응어리에, 아내는 그래서 이혼이라는 단어를 늘 뇌리에 담아두고 있다. 그 연장선상에서 환경이 전면 바뀌면 사람이 달라지겠지 얼씨구 박수로, 때마침 마땅한 접속에 맞춰 타인 소유 승용차로 모셔 이리로 내려 보낸 것이다.

  삶에는 제 몫과 제 몫이 아닌 것이 있기 마련이다. 그는 목축업의 꿈을 안고, 서울에서 먼 이곳으로 내려왔다. 그러나 고양이 손이라도 끌어다 써도 모자라는-눈코 뜰 새 없이 바쁜 철이라 쌍수로 반겨 맞은-연대 위 먼 친척이 먹여주고 재워주는 선의를 넘어, 주 작물 농업 가외로 사육하는 흑염소 열 마리 중 한 마리를 골라 씨종으로 안겨 줬는데도, 그 조차도 제대로 돌보지 않고 있다. 꼭 닮은 반추 동물새끼를 줄줄이 낳게 하여, 큰 목장을 세워보겠다는 자생력 의지가 전무한 탓이다.

교장부인

　　　　　안경 쓴 눈매는 많은 나이로 밝지는 못 하나, 외부 조건의 이런저런 영향으로 굳게 다져진 평범한 표상은 느긋함이다. 젊은 시절에 필요 외의 건들에는 별 관심을 드러내지 않았을 성 싶은 그 지성의 교양미가 여전히 서려있고, 언변에도 무릇 익은 삶의 정숙함이 실려 있다. 좋은 감정이 순하게 절로 싹터 오른다.
　"식사를 준비해 점심을 맛있게 먹게 한 저이는 누구?"
　차량조수석에 앉은 내가 뒷좌석에 동승한 세 사람에게 동시에 물었다.
　"누구의 형수."
　운전대 잡은 친구의 답변이 이내 돌아왔다. 필자는 새삼 호기심을 키웠다. 전부터 자극 과민성 분노와, 우울장애 의중의 정신질환으로 인성이 바르지 못하여 사람들과의 교류가 엉망이면서, 혼자만의 사나운 성질대로 마누라 속을 여적 들쑤시며 괴롭히는 초등학교동창의 바로 위형임을 들어왔기 때문이다. 그렇다면 몇 해 전, 학교교장 재직 시 별세했다는 초등학교 2년 선배인 셈이다.

'그 선배의 미망인? 어쩐지 남달리 현숙해 보인다했더니만...'

서예학원에서 붓글씨 쓰는 공부를 한다면, 했던 말을 며칠 지나 다시금 화젯거리로 올리는 원장의 성향 상, 이미 내가 누구인지에 대한 소싯적 환경부터 들었을 터이다.

사는 동네를 벗어난 하천 변 산책을 마치고 귀가 경로로 잠정 잡은 이층전철역 입구. 낯익은 단발여성이 얼핏 눈에 들어왔다. 순식간에 반가움의 강도가 인지조화를 깨며 높아졌다.

"여기 웬일세요?"

"집까지 운동 삼아 걸어가려다 도저히 안 되겠다 싶어 전철을 타려고요."

어림잡아도 고갯마루 학원에서부터 경기도를 넘어가는 거리는 2킬로미터는 족히 되지 않을까 한다.

"꽤 먼 거리이면서 날도 차네요. 차 한 잔 하시겠습니까?"

"아, 아니에요. 어서 학원에 가셔서 식사하세요."

"식사 후 머리를 식힐 겸 산책 나온 겁니다."

"시간을 때울 요량으로 서예를 배우는 거예요."

서향에서 동향으로 위치를 서서히 바꿔가면서 스스로 낸 소개말. 옛 미인 색 거두지 않고 고정 맞춘 눈빛 미소에 어려 있는 호감의 붉은 입술. 외지에서 난데없이 대면한 탓인지 소녀의 수줍기를 여리게 머금고 있다.

 홀아비 신세 면하고 자는 읍소의 짝사랑일수 있는 필자 생각대로 만일, 그녀의 남편이 된다면 주변 변화는 불가피하다. 그 첫째가 그녀가 서방으로 부르는 동창친구의 반응이다. 그는 분명 제정신 아닌, 이성 잃은 발광으로 다짜고짜 욕설부터 쏟아낼 것이다. 그 남편을 극치로 미워하는 아내의 찬반속내도 여간 궁금한 게 아니다.

 안 본지 20여 일 동안 상상의 꿈으로만 좇은 사모의 열망이 반량은 식긴 하였으나, 다시 보게 된 오늘의 그녀는, 바깥 옥상에서 서예실로 들어왔다 나가는 행위를 반복적으로 하고 있었다. 그때마다 양손에는 무언가가 들려졌으며, 서예학원장이 한두 번 따라 붙어서 그녀의 어떤 일을 친숙하게 돕는 것 같다. 그러나 조용히 짐을 꾸리는 그녀의 표정은 그다지 밝지 못하다. 그녀의 서예쓰기 장소-창가 편 책상 위는 왠지 이미 깨끗이 정리되어 있었다. 동시에, 몇몇 수강생들의 그녀 대함도 전에 없이 냉랭하게 차분하다. 이 배후의 성격은, 말이 없어도 서로를 잘 안다는 관습이 저변으로 흐르는 반영일 수 있다.

 "그동안 고마웠습니다. 안녕히 계세요."

 그녀가 학원장에게 남기는 인사말이었다. 영문을 전혀 모르는 필자는 의아해진 시선을 그녀 편으로 돌렸다.

"왜요? 어디 가시나요?"

"지방으로 이사 가게 되었습니다."

앞서 전체를 대상한 인사말에 비해 음정을 한결 낮춘 입매가 상기하게 무겁다.

그녀가 당장 필요해서 어디선가에서 구하여 책상 가편에 얹어둔 직사각형 모양의 스티로폼 표면은 깨끗하지 못하다. 그 안에는, 옥상 비닐온상에서 몇 차례 옮겨 담은 새순모종, 엷은 검은색 비닐화분들이 개별로 한가득 채워져 있었다. 가져갈 짐은 한꺼번에 들 수 없는 두 종류이다. 두 번은 오르내려야한다는 계산이 나온다. 각오를 다진 그녀가 우선 손에 쥔 짐은, 세 겹 접은 몫의 한지 뭉치와 손가방이었다.

그때, 필자가 나섰다. 필자는 스티로폼박스 밑면을 그 길이만큼 벌린 양손으로 받쳐 들고, 그녀 뒤를 따라 4층에서 1층 주차장까지 내려왔다. 거기서 차량트렁크에 실어준 다음 마지막 인사를 나눴다.

일동들을 향한 작별인사 전에, 그녀는 필자와 잠깐 맞춘 눈의 인사말로 "양복 입으셨네요."라는 말을 건네었다. 필자는 그때까지 대면이 살려낸 짝사랑의 희망을 다시금 부풀렸다. 그렇게 마냥 좋게만 본지 불과 몇 분 사이, 필자는 실망을 금치 못해 하는 심기불편을 이마 상으로 새겨냈다. 그녀에 대한 뒷담 이야기를 친구로부터 듣게 된 뜻밖의 나쁜 평판이, 평안에 잠긴 기분을 갑자기 황량하게 흔들어 깨운 것이었다.

여러 모로 사람들과 하나로 어울리지 못하는 불편(분열성 성격장애)의 문제소지를 안고 있는 그녀의 시동생은, 형수에 앞서 몇 달간 서예쓰기에 도전을 한 적이 있었다. 그 연결로 동창친구 아내도 서예학원을 드나들면서 원장과 안면을 익히는 계기를 맞았다. 친구 아내가 서예를 배우는 수강생이 아님에도 불구하고 이따금 학원 문턱을 넘나들게 된 발품은, 한의원 몇 곳에서 10년 넘도록 침을 맞았지만 좀처럼 차도가 없는 여러 부위 통증을 한시바삐 잊고 싶다는 간절함 때문이었다.

학원장의 침술은 옛날 방식이었다. 신기하게도 그 침을 맞은 이후부터 몸이 가뿐해졌다. 그 감사로 아내는 학원에 머무는 시간을 지나하게 늘렸다. 그러면서 수강생들과 한자리 식사를 즐기면서 이런저런 대화도 텄다. 활기가 넘쳤다. 그 보답은 서울 밖 큰집 동배동서에게도 전해졌다.

서예학원장과 그녀 간의 다툼은, 답답한 현실에서 벗어나는 새로운 개척의 풍운을 안고 둬 달간 지방에 내려가 있다, 바닷바람과 따가운 초여름햇볕에 검게 그을린 낯빛으로 서울 집으로 되돌아온 시동생의 출입을 막지 말고, 동서처럼 자주 볼 수 있게 해달라는 도발에서 비롯되었다.

학원장은 십 년 넘도록 하릴 없이 떠도는 남편의 안정을 기대하며, 수강생으로 대신 등록시킨 아내의 요청을 평등하게 받아들였다, 그러면서 시간 때우는 심사의 서예를 지도하면서 많은 시간을 함께 보낸 과정에서, 동창친구의 한참 모자라는 인지저하를 파악했다. 가장 큰 문제는 살아야 한다는 삶의 의지가 저의하면서, 소통이 원만하지 못하다는 불신이었다. 또한, 명분 없는 자기 자랑을 늘어놓는 행태도 못마땅했다. 상대방의 사정을 일절 헤아리지 않는 일방적인 험한 욕설을 너무 쉽사리 내지르는 성질대로, 수강생들에게도 언사가 거칠어 언제든 다툼을 일으킬 수 있다는 전제의 우려를 떠오르게 했다. 이대로 그냥 내버려둔다면, 이미 몇 차례 드러낸 전례의 지랄행패-면학 분위기를 해치는 사태가 다시금 재발될 수 있다. 그래서 학원장은, 무례한 친구는 더는 보고 싶지 않아 오지 말라는 경고를 내렸던 것이다. 그래서 동창친구는 단체점심에 이어, 어디서 시간을 보냈다 오후 5시면 다시 나타나 저녁식사까지 해결하고 집으로 돌아가곤 했던 일정을 더는 못하게 되었다.

학원장에게는 학원운영이 품위유지의 보루이다. 그 지속은 수강생들을 서예 계에 우뚝 서게 하는 것이다. 이 격분에 나이로도 윗선인 원장에게 함부로 대든 친구의 형수를 향해 그만 나오라는 소리를 버럭 질렀던 것이다.

"주인처럼 모든 것을 자기 위주로 쥐락펴락하는 그녀는, 손자손녀를 둔 할아버지뻘 노인들이 자비로 재래시장에서 애써 사들고 온 식재료를 검수하면서, 제 눈

맛에 들지 않는다며 한편으로 치우는 간접면박이 좀 심한 가운데, 직전 식사 때 남은 국거리 정도는 다시 데워 먹을 수 있는 데도, 유통이 지났다며 그냥 내버리는 자원낭비도 함께 불러들였다."

알뜰한 살림꾼 표상과 전혀 딴판인 이미지가 쓰리게 속을 긁었다. 친구의 입담은 계속 이어졌다. 자취를 남긴 부정적 행위를 여과 없이 까발렸다.

"사별한 남편이 교장선생님이었던 배후 덕분에 극진한 대우만을 받아온 고귀한 여성은, 그 잘난 과거에 빌붙어있는 오만이 극에 달해있는 전직교사이다. 자신을 칭찬하는 사람에게 집중될만한 활동을 지속적으로 원하는 공주병환자다. 성(性)에 굶주린 적적한 외로움을 달래줄 남자를 눈여기며, 극적인 표현과 연극적인 부적절한 유혹의 꼬리로 학원 내 분위기를 흐려놓았다."

조현병 증세로 피해망상의 성질을 일말 안고 있는 시동생 아내인 동서처럼 음식 만드는 솜씨가 뛰어난 그녀는, 손수 요리로 동료수강생들을 종종 먹였다. 필자도 손에든 수저를 함께 들었다 내리며 교류를 즐겼던 지난 달 정초 저녁 어느 날이다. 그 자리에서 원장으로부터 막걸리 잔을 받은 그녀는, 오늘을 끝으로 술을 끊겠다는 선언을 낸 적이 있다. 세초 다짐이었다. 필자는 그녀가 술을 마신다는 것을 그날 처음 알았다. 아마도 정분(情分)이 그리운 과부의 눈물을 술로 달랬을 것으로 짐작한다. 식사를 마친 자리에서 먼저 일어나

손수 탄 커피 한 잔을 마시고 있던 필자는, 정면에서 작심삼일을 언급했다. 그러자 그녀는 "정말이다."라는 필자와 같은 반말로 방어를 쳤다. 이후, 정말 술을 끊었는지는 얼굴 보는 횟수가 들쑥날쑥 드물어 알 도리 없다.

필자는 여자들이 술을 마시는 것을 탐탁지 않게 보는 편향이 있다. 필자가 술을 안 마신다는 소심한 사례를 떠나서, 술 마시는 여자의 성질은 곱지 않을 거라는 지레짐작의 편견을 가지고 있다. 밉쌀로 바싹 세운 긴 손톱으로 남자의 얼굴을 할퀴는 행동이 극심할 거라는 대략의 생각을 얹고 있다. 나의 우물 안 같은 이 좁쌀은, 술을 마시는 개방의 여성들로부터는 돌팔매를 맞을 수 있는 시대적 후퇴일 수 있다.

'두 면의 얼굴을 가진 노파? 나는 그토록 사람을 볼 줄 모르는 숙맥인가?' 나는 그녀를 상대로 부부 상을 그렸던 미령(靡寧)의 꿈을 산산이 깨트렸다.

노시인

　　　　　놀이터 후문을 나와 유모차 좌우로 며느리와 시부가 나란히 걷는다. 보다 친해지고 싶은 시부 제안에 며느리가 안내한 곳은, 순두부 집이었다. 어제 날짜로 두 살 생일을 맞은 친손자, 뭐가 그리 좋은지 제 엄마 식사 못하도록 끊임없이 재롱만 떤다. 며느리 밥 편히 먹게 하려 아기를 넘겨 안은 시부도, 주름 얼굴 제멋대로 꼬집으며 할퀴는 귀염둥이 장난에 제대로 몸을 가누지를 못 한다.

　며느리와 시부 관계는 사회적 교류 없이 중도에서 만난 인연 때문인가? 내심 안전하지 못하고, 보이지 않는 장벽이 가로 놓여 있다. 일찍이 며느리나 사위를 맞은 동배들과 어울리면, 반드시 듣게 되는 얘기가 있다. 황혼유아로 손주 병에 시달린다는 하소연이다. 서운감은 낳고 키운 부모를, 제 아내나 자식보다 낮춰본다는 속 쓰림이다. 자녀들의 효도심이 날로 소홀해진다는 걸 몸소 체험한다. 분가를 해야 할 분위기다.

　이젠 서로를 알만치 알았을 삼 년 시간인 데, 며느리의 불안정한 어둠 빛 좀처럼 가시지 않고 있다. 손목시계 보고, 휴대전화기 확인도 여러 번, 초조에 동동 구르는 발 진정시키려 냉수로 목을 축이기도 한다. 아기

아빠 조금 늦는 귀가에 저토록 애를 끓다니, 반가운 까치소리 들려줘야 할까? 때마침 울리는 초인종, 시부 앞질러 현관문을 향해 내달리는 며느리. 갓 신방을 꾸린 새 신랑 맞듯이, 품에 와락 안기며 소녀의 어리광까지 부린다.

적적한 나날. 노인은 바깥나들이에 나선다. 안목이 얇아서 그저 그렇게 굳어버린 걸까? 평생을 보아온 만물은, 새로운 정취 없이 옛 모습 그대로 제 자리를 지키고 있다. 목줄 개 데리고 산책 나온 며느리 또래의 젊은 여성. 갑자기 눈빛을 크게 키운 노인, 오금이 저려지는 뜨거운 이성을 느낀다. 본능의 남성이 체력을 깨운 것이다. 먼저 이 세상을 떠난 할망구와는 명목상 부부였을 뿐, 잠자리 횟수는 드물었다. 그 빈곤 탓에 머리 긴 여성들만 보면 젊음의 생기가 파릇파릇 강렬해진다.

외로운 환경 속에서 창작을 불태우는 예술인들에게는 '나는 자유인이다.'라고 외친 카사노바(18세기 인물)처럼, 다른 여자를 넘보는 속내의 바람기가 있다. 경지에 오른 걸출한 인물들이 함께 작업하거나, 배우는 여학생들에게 애정을 표시하며 접근하는 이유가 이 때문이다.

노인의 활력은 성 풀이에서 얻는다 해도 과언이 아니다. 세계에 이름을 널린 알린 전체주의 독재자일수록 성에 집착하는 경향이 높고, 생사를 걸어둔 불철주야의 전장 복판에서 나라 영토를 지키는 장병들의 사기를 높이는 수단도, 성별 다른 여자들을 그 속으로 밀어 넣는다는 것이다.

사실, 성령(性力)을 느끼지 못한다면, 그 인체는 살아있는 생물이라 볼 수 없다. 풍선은 바람이 들어차있어야 모두가 한 눈에 볼 수 있는 하늘로 뜰 수 있다. 찬바람은 꽃잎 지게하고, 하늘빛은 열매를 익게 한다. 말 따라 축복과 저주를 입는다 했다. 나이 무색하게 우주선을 타고 지구 밖 모험에 나서는 노인은, 그만한 체력과 재력을 갖췄기 때문이리. 절망은 선의(宣義)의 적이다.

세월은 나이를 먹인다. 나이의 한계는 분명 존재한다. 누구는 쇠퇴기로 접어든 그 나이를 극복하지 못하고, 남은 인생을 앓는 시름으로 보내기도 한다. 나이에 지지 않고, 언제나 피 끓는 청춘으로 사는 비결 과연 무엇일까? 활동할 수 있을 때까지 최선을 다하는 긍정이, 늙었으면 죽음에 다다랐다는 비관을 조금은 줄일 수 있는 심리이지 않을까?

목청의 횡격을 줄였다 풀었다 하는 능력이 한참 부족한 노인은, 변화를 두려워한다. 어떻게 달라져야 하는지도 모를 뿐더러, 또 달라지고 싶지 않다는 붙박이 정체로 남은여생을 보내겠다며, 무사안일에 등을 기댄다. 이와 연계하여 드러내는 면은, 몇 번의 실수에 겁을 먹은 포기를 반복한다는 점이다. 그래서 힘을 쓰는 새로운 도전을 꺼리면서, 꿈을 꿈으로만 간직해 둔다.

옛 생활에 퍽이나 익숙해져 있다는 반증이다.

  어른의 상징은 독립성이다. 일하는 사람은 보람이 크다. 육신은 지치면 쉬어야 한다. 이때면 신체는 새로운 피가 솟구친다. 격정을 불러일으킨 강한 의지에도 체력이 떨어지는 끝이 있기 마련. 죽음의 고통 속에서도 살 소망의 끈을 놓지 않는 자는, 자신을 곰팡이 돋도록 방치하지 않고, 언제든 하늘로 날아오를 만반의 단장을 갖춘다.

  노인의 아침 맏이는 허전 그 자체였다. 식사를 대할 적마다 맛부터 잃는 것이었다. 노인은 집 문을 닫고, 경로당 문을 열었다. 남녀노인들은 둘씩 짝을 짓고 대보름 윷놀이를 즐기고 있었다. 짝이 없어 외톨이 구경꾼으로 남아있던 할머니가 제비뽑기 건너뛰고, 두 해 더 산 노인과 민속놀이에 꼈다. 솜씨 좋은 늦깎이 노인 조가 행운의 일등을 거머쥐었다. 그 인연으로 두 노인은 부부 연을 맺었다.

  노부부의 꿈에도 소원은, 꽃봉오리 아이를 낳아 키우는 것이었다. 그러나 반신반의 기적은 끝내 일어나지 않았다. 신체 연령은 운명적으로 현실에 딱 들어맞았다. 빛이 바라진 실의감은 시름을 안겨줬으나, 선한 의지는 든든해졌다. 나이 잊고 지내는 행복은 동심. 믿음도 좋고 소망도 좋다마는, 식지 않는 순도의 사랑이 그 중에 제일이다.

  노부부는 지치지 않고 동네봉사에 시간을 썼다. 내일

의 어른을 꿈꾸는 초등생들에게 초급수준의 영어를 가르쳤고, 노인들만의 연극준비에 참여하여 안무를 지도하기도 했다. 몇 년 후 연말에 봉사 상을 받았다.

어느 따뜻한 봄날. 서로를 안는 달콤함 애정에서 좀처럼 떨어질 줄 모르는 노부부, 창문을 열어 해살이 찬란한 바깥을 내다본다. 그때 마침, 맞은 편 삼층집 창문도 열리면서 뚱뚱한 몸매를 가진 여인이 모습을 드러냈다. 시력이 그다지 좋지 않으면서, 이빨이 몇 개 빠진 노파였다.

"애비 어디 있니?" 노파가 아래를 향해 소리를 질렀다.

"네, 저 여기 있어요. 곧장 던지세요." 아들이 양손을 흔들며 방향을 알렸다.

"던질 테니 잘 받아라." 노파가 어림짐작의 방향으로 던진 물건은 보온병이었다. 왕년에 야구선수였던 아들은 실수 없이 잘 받았다.

"너희들이 야속하다. 어쩜 나만 쏙 빼놓고 여행이니."

"죄송해요. 다음에 해외여행 보내드릴게요."

신혼의 노부부는 일주일 일정으로 국내여행에 나섰다. 이젠 인생정리 준비에 들어간 노시인은, 발길 멈춘 지역마다에서 펜과 노트를 꺼내 뭔가를 열심히 적었다.

바람은 돛대를 휘날리게 하나, 출렁이는 바다는 출항 배를 떠 민다. 흔들림은 구심을 잃은 것이다. 불변하지 않다는 증언이다. 매운 해풍(海風)에 뺨이 시리다. 애수 실린 아우성 물결, 그 너머로 힘차게 솟아오른 돌출부

해수 섬, 잔재주 부리며 물러났다 다시 덤벼드는 거센 파도. 낚시꾼 고기 잡는 것이 낭만 해 보인다면, 그대도 낚싯대 준비하여 물에 발을 담가야 하리. 세상에 거저 얻어지는 건 아무것도 없고, 삿대 갖추지 못한 배는 표류할 수밖에...

이 땅에 죽지 않는 영원불변이 어디 있으랴. 신(神)도 때론 한눈을 팔다, 오늘 불러들일 예정이었던 누군가의 삶을 연장하는 우(愚)를 낳기도 하고, 물살도 웅덩이에 갇혀 오가지 못할 때가 있다.

솔바람 소리 내 울고, 산 빛은 있는 듯 없는 듯 가물가물. 해발 높은 봉우리바위 구름에 가려 보이지 않는다. 솔방울 떨어지는 소리, 흐르는 시냇물이 휩쓸어간다. 처마를 때려대는 찬비, 눅눅해진 제비 흙집, 날아오른 제비에 나비 자취 감췄고, 안개 베일은 습기를 머금었고, 풀잎의 영롱한 이슬방울은 증발을 준비 중이고, 정적은 비단의 꿈을 꾸고 있다.

앞을 가린 자욱 안개에 시름을 앓는다면 마음이 번잡하다는 뜻. 젊은이는 젊은이대로, 늙은이는 늙은이대로 주어진 제 일 풀어보려는 고뇌를 이고 산다.

어느 집 대나무 숲. 몇 방의 유리 창문 하나에 군자 닮은 잎가지 그림자 산 채로 어른거린다. 비 그친 해물녘 물가, 덜 차 오른 들꽃들, 장난기 몸짓으로 추운공기 견뎌낸다.

촉촉한 바람이 풀줄기 눕힌다. 보호자가 환자를 침상

에 누이는 것만 같다. 자생의 풀도 자신의 힘으로 일어서지 못할 때가 있다. 신체가 무거운 돌에 눌려있을 때이다. 사람이 하찮게 보며 짓밟는 한 줄기 풀도, 여느 생물과 마찬가지로 그 인생 전부이다. 바람이 풀에게 속삭인다.

"걱정 마! 너는 다시 일어나게 될 거야."

달개비 보랏빛 꽃 왜 저리 수줍어하는 건지, 두 장의 꽃 덮개 눈물 머금었구나. 무덤 속 기후 따스할까? 차울까? 숨 끊겨 누운 망인이 그 느낌 알기나 할런지. 잔디봉분 위로 꼬부랑 할미꽃이 핀걸 보면, 누군가가 호흡을 내 쉬고 있다는 건데...태양의 발목 붙들어 그 빛 반사하게 하고, 하늘구름 쉬어가게 하고, 날던 새들도 불러 앉혀 노래 부르게 하는 생시는, 대체 어느 신령의 기운일까?

저 너머 극락정토(極樂淨土) 바라보는지, 세상 번뇌 없이 고요하기만 하다. 가라앉은 정서에 요람의 손녀딸, 환상의 긴 잠에서 깨어날 줄 모른다.

그늘 짙은 산 계곡 아직도 한 겨울인가 보다. 초피나무 꽃도, 벚꽃은 더더욱 아닌 새하얀 한 송이 설화(雪花). 나뭇가지 새소리에 두리번거리고, 저 멀리 파도 부서지는 바다 소리에도 두 귀 쫑긋 세워 듣는 흰머리, 숲 산초 캐는 노인이로구나.

겨울태양은 열기가 차 섬 태움을 포기하고, 일몰로 사라진다. 누가 알랴! 나의 가슴 복판에 핀 나뭇가지

꽃을...

눈이 부신 햇살에 못 이겨, 눈물을 흘리는 이 가슴속에 핀 가련한 붉은 꽃, 저녁이면 안으로 옹구는 꽃잎, 남은 향기 끌어안고 웃다 울다. 인식은 생명, 감각은 희망을 키운다. 반짝이는 미소를 아름다움으로 본 사람은, 아득한 해저를 떠올리지 않는다. 금실은실 너울 따라 눈빛 색상 달라진다.

이끼에 미끄러져 물에 빠지는 실수는, 내리는 비 때문만이 아니다. 솔가지를 휘영청 꺾는 건 바람만이 아니다. 추석송편 재료 마련하는 노파의 손길에서도, 솔가지는 휘어진다. 이것이 현실의 삶이다.

강변 풀밭 깔고 앉은 수염 덥수룩 사람과의 만남은 우연의 일치였다. 수감생활 십 년 만에 교도소를 나온 그는, 눈물 아니고는 세상을 볼 수 없었다. 모든 게 낯설고, 그사이 세상 떠난 친구들 많아 살아갈 용기가 나질 않았다. 봄이 오면 풀이야 푸름으로 되돌아오나, 생시 잊은 지 오래인 병석의 삶은 희망일 수가 없다. 길게 누운 전과자의 배위로 메뚜기 뛰어오른다.

도대체 사회어른의 기준은 뭘까? 나이는 제법 찼는데, 나잇값을 못한다는 놀림을 듣는 어른은 과연 육체 나이만 먹은, 아직도 철이 덜 들어 길을 해매는 미시의 어른으로 봐야 할까? 나이의 비례에 따라 육아·소년·청년·중년·노인으로 갈려 불린다. 정신적 어른은 낙관과 비관을 거치면서 현실을 직시하는 안목을 갖추나, 남의 장난감이나 호시탐탐 뺏으려는 자는 어른일 수 없는 영원한 미숙아이다.

성충거미 제 몸에서 뽑은 줄 타고 나뭇가지에서 내려온다. 노인의 한가는 낙 아닌 과거 삶을 되새기는 시간이다. 대지 말라가는 소리를 듣는 시간이다. 빛과 어둠이 공존하는 세상. 광활해진 시공(時空), 미련 놓은 노인 바깥 아우성 듣지 않고, 인류평화를 기원하는 기도 올린다.

사물 그 자체는 무언을 지닌 문장이다. 시간이 부수지 못할 만큼 강한 것이 없는 이 땅. 요지부동한 암석도 세월을 견디지 못하고 가루로 무너지고 마니, 재채기 한 번에 뜨인 시인의 눈, 먼 곳에서 모르는 안식을 불러 곁에 앉힌다.

제3부

남을 속여 먹는 사기꾼이 범람할지라도 사람에게는 역시 사람밖에 없다.

고마운 이웃

　　　　　　　한 달 전이다. 매주 목요일마다 실행하는 국어맞춤법 공부지도를 마치고 귀가한 집 앞. 머릿속에 입력해둔 비번을 자동으로 되풀이 눌러도 문은 열리지 않는다. 왜 이럴까? 처음으로 겪는 일이라, 졸지에 난감에 빠져든다. 한 건물 내에 살면서도 대면 횟수가 뜸하여, 인상착의 설명이 가물가물 흐린 집주인에게 모처럼 전화를 걸었다. 그편도 바깥에서 문 여는 방법을 모르기는 마찬가지였다. 단, 건전지 수명이 다 된 때문이지 않겠느냐면서-누구로부터 얼핏 들은 다른 건전지를 이용하면 된다는 힌트를 살짝 들려준다. 그 모양새 어떻다는 아무런 설명이 없어 그림이 안 잡힌다.

　사실, 언제부터인지 디지털 도어록 번호판 불빛이 깜박깜박 흐렸었다. 때문에 덮개를 위로 젖히고 번호를 누른 후 내린 즉시 캄캄하게 꺼지곤 하는 현상을 그때마다 목도해야만 했었다. 문을 열고 닫을 때마다 평소에 듣지 못한, 특정한 삐삐 음을 그 무렵부터 듣게 된 그 소리가 건전지교체를 알리는 신호음이었음을 비로소 깨닫는다. 당장 편의점으로 달려가 4개 묶음의 건전지를 사왔다. 그런데 안으로 들어가야 건전지를 교체할 수 있는 게 아니던가.

방법을 이리저리 찾다, 사다리나 차량지붕을 이용해 이층 창문을 열자는 결론에 다다랐다. 그렇지만 해 저문 초 밤 시각이다. 그러므로 이 시간에 대면인사가 전혀 없어 실상 알지 못하는 이웃주민 누군가에 사다리를 빌린다는 건 불가능에 가깝다. 집수리를 주업으로 하는 뒤편-블로크담장이 낮은 붉은 벽돌집 외부계단 이층옥상에 자잘한 건축자재들 위로 누여져 있는 사다리가 있긴 하다. 가벼운 알루미늄 사다리 아닌, 다목적 8단 A형 접이식사다리이다. 큰 힘을 써본지 오래고, 또한 나이 많은 체력으로는 굉장할 저 무게 과연 들어 옮길 자신이 있기는 한 걸까? 결국 제쳐두고 생각에서 지운다.

  나쁜 기운의 귀신을 물리치고 풍요와 행운을 가져다준다는 대추나무 한 그루가, 물체로는 창가와 가장 가깝다. 그렇지만 바람이 부는 날마다 창밖을 두드리는 그 인접가지는, 너무 가늘어 디딤 용도로 절대 쓸 수가 없다. 집주인과 비슷한 해답을 들려줬던 한 동네 주민이자, 초등학교 동창인 전 건축업자 친구에게 도움을 요청하는 전화를 넣는다. 친구는 차량은 빌려줄 순 있으나, 집에 있는 4미터 길이의 사다리는 어떻게든 가져갈 수 없다는 대답을 귀전으로 밀어 넣었다.

  다른 수단을 좇다, 집주인 측에서 어제 이어 이틀 연속 긁어모은 낙엽과, 지난봄에 미리치기를 해둔 마른 나뭇가지들을 태운-감나무·대추나무 등이 식재된 화단

내 짧은 연통 달린 원형드럼통을 반 기운 채로 이 미터 남짓 굴려 대추나무 밑에 갖다 놓고, 그 위에다 뒤엎은 반쪽짜리 고무 통을 더 얹는다. 드럼통 안에는 아직 잔불이 남아있다. 그렇지만 화통 표면과 균형이 맞지 않아 기웃기웃 흔들리는 불안정한 고무 통 위에서, 둥근 금속 난간 하부는 만세 팔로 붙들 수는 있었으나, 그걸 타오르는 체조의 재주가 전무하여 앞으로 나가는 진행이 일체 막힌다. 상체를 일자모양으로 옆으로 누여야 그나마 오른발 먼저 난간 사이에 걸 수 있을 터인데, 그게 안 되어 무진 애를 먹는다. 누가 아래에서 엉덩이를 받쳐준다거나, 하체를 안정시킬 턱받이 될 만한 그 무엇의 힌트가 있다면 대롱대롱 매달려 있는 위태에서 벗어날 수는 있겠다. 그 용에 결국 힘이 부쳐 도리 없이 철수결정을 내리고, 흙바닥 위로 내려오고 만다.

　고개만 쳐들면 한눈에 볼 수 있는 통유리 집. 자유롭게 드나들 수 없다? 생각을 돌려 이번엔 주차장 내 가스배관을 탈 방법을 고안해 낸다. 그렇지만 이 시도 역시도 만만하게 볼 여간내기가 아니다. 짧은 일직선이 직각으로 꺾여서 가구 별로 서로 연결된 가스배관을 안전판으로 잡고 이층 높이까지 오른 벽을 타보니, 발 디딜 턱 공간 확보는 물론이고, 손으로 잡을 수 있는 어떤 장치도 전혀 없는 민 벽면뿐이다. 귀퉁이를 어떻게든 돈다할지라도, 왼발 끝이 창가까지 닿으려면 한번

쯤은 자세를 고쳐 잡아야 할 터인 데, 그 기반이 될 어떤 여지틈새도 없어 난처함에 직면한다. 그 과정에서 아래로 떨어질 수 있다는 사고 위험에 노출되어 있기도 하다. 결국 단념하고 원점으로 되돌아온다. 드럼통을 옮길 시부터 매만진 손만 더께로 더러워졌을 뿐이다.

이웃주민 누군가를 기다린다. 승합차 한대가 1층 내 주차장에 댈 수 없자, 건물 바깥 소공원 입구 도로면에 세워진다. 운전석에서 내려 차문을 잠근 사람은, 처음 보는 중년의 장발남성이다. 그가 어느 방향으로 발길을 잡는 지를 눈여김으로 쫓는다. 주차장을 지나 현관 안 첫 계단을 막 오르는 그에게 다짜고짜 도움을 요청한다. 그는 단번에 거절의사를 밝힌다. 사람이 차량지붕에서 뛰듯이 움직인다면, 아무래도 흠집을 넘어 찌그러질 수도 있다는 염려 때문일 것이다. 당연한 일반적 상식이다.

맨손으로는 아무것도 할 수 없다. 여러 궁리도 소용없다. 서성거리는 시간이 마냥 길어진다. 야간추위가 점차 으스스 강해진다. 눈앞에 둔 집, 오늘 중으로 들어갈 수 없다면 이 밤은 이곳에서 그리 멀지 않는 친구네 서예학원에서 하룻밤 신세를 지리라는 생각을 미리 떠올린다. 그럴 리는 절대 없겠으나, 만일 친구 편에서 부담이 된다 싶은 눈치를 흘릴 시에는, 여관으로 방향을 돌리겠다는 점도 고려 대상에 담아둔다.

큰 검은색 레저용 차량(RV)이 주차장에 세워졌다. 운전석에서 내린 차주 역시도 처음 보는 중년남성이다. 매일 내 집 앞 이층계단참을 거친다할지라도, 마주칠 기회가 전무 하여 사실상 알지 못하는 그와 처음으로 의례적 고개인사를 가볍게 나눈다. 필자보다 훨씬 젊은 그와 계단을 함께 오르다, 내편에서 뒤따르는 그에게 문 여는 방법을 대뜸 묻는다. 문제의 해답을 알고 있는 그가 몇 마디 설명을 들려준다. 필자는 주인이 알아서 해결하라는 뜻을 남겼다 싶은 주민이 등을 돌려 3층 첫 계단을 밟기 시작한 시점과 맞추어 문 잡이에 걸어 둔 상의양복을 흰 셔츠 위로 걸쳐 입고 아래층으로 내려온다. 귀띔대로 직사각형 건전지를 살 목적을 앞세우고, 공원입구 편 주차장을 막 빠져나오자 뒤편에서 누군가가 부른다. 그 이웃주민이다.

집문 앞에 선 두 사람. 이웃주민은, 때마침 집에 있어 휴대한 직사각형 9V 건전지로 상단 돌출부 양 쪽을 꼭 맞춰 끼운다. 희미하게 어두웠던 번호판에 파란불이 켜졌다 이내 꺼진다. 실패다. 똑같은 시도 두 번째에서 네 자리 번호를 차례로 누르자, 잠금이 해제되는 소리가 안에서부터 들려온다. 그는 손수 내부 건전지까지 갈아줬다. 얼마나 고마운 지, 필자는 그 감사표시로 나의 장편소설 『삶의 숨결』을 선물로 건넸다.

25여 년 전의 그녀

 붉은 장미 예쁘다/바람결에 흔들리며/고은 향기 흩날린다./새도 나비도 보는 눈이 있어/어디서든 날아와/아름답게 핀 미소에/입을 맞춘다.

전철 안에서 쓴 「장미아침」 즉흥시이다. 그러면서 여전히 기억에 담아져있는 한 여성을 내내 떠올리며, 볼일이 있는 종로5가에서 내렸다.
 20여년을 만나면서 사이가 부쩍 가까워진 그녀의 현 나이는, 팔십 세는 족히 됐을 것으로 짐작된다. 결혼한 지 불과 1년여 만에 중환 병으로 끝내 일어나지 못하고, 일찌감치 부모의 품을 떠나고만 맏딸이 그렇게 된 후, 기나 길었던 예전의 온화한 교류는 더는 이어지지 않았다. 급산(急霰=갑작스럽게 내리는 싸락눈)처럼 싸늘한 냉기가 도는 분위기 탓에, 뜸해진 연락(전화번호는 남겨두고 있다.) 마저 아예 끊겨버렸다. 그때 시간을 가만히 거슬러 계산해 보니, 그 기간도 어느덧 25여년의 세월이 흐른 것 같다.
 일본태생의 키 큰 한국남자와 결혼하여, 슬하에 1남 2녀를 둔 그녀의 운명은 기구했다. 본처 외 딴 여자와 별도의 살림을 차려, 그곳에서 배다른 세 자녀와 일상을 함께 보내는 그 남편의 귀가 소식을 자나 깨나 기다리며 어린 세 자녀를 홀로 키운 과정이, 눈시울이 붉어질 정도로 가슴이 멜 지경이었다.

 단발파마의 그녀를 처음 알게 된 장소는 교회였다. 정기예배 때마다, 튼튼하게 무거운 다인 석 나무의자에 등을 붙여 둔 신체의 눈빛을, 설교가 선포되는 제단으로 향해두고 있는 몰입은 신심이 깊은 내면 그대로 반영이었다. 예배가 마쳐질 때까지, 한 점 흩어짐 없이 고정을 유지하는 고아한 자태는, 언제나 밝고 진중했다. 너그러운 교양이 돋보였다. 실상, 그녀의 소개에 따르면 결혼을 하면서 조기에 그만두긴 하였으나, 대학에서 교육학을 공부한 후 몇 년간 교편생활을 한 적이 있단다.

 그 당시 필자는 진로 문제를 채 정리하지 못하고, 당장 시급한 끼니 해결책으로 리어카장사를 하고 있었다. 그날 역시도 시장성을 살피지 않고-초심의 행운을 바라며-무작정 대충 맞춰 골라 실은 채소류 몇 단을 싣고 이리저리 다니다, 때마침 집 앞에 나와 있는 그녀와 마주쳤다. 그녀는 행색이 남루한 새내기 상인을 외면하지 않고 환하게 반겼다. 정말 필요에 따름인지, 김칫거리 배추 몇 단을 산 후, 차 마시고 가라며 마당을 앞둔 거실까지 들어오게 했다.

 그날부터 대로변 골목 첫 번째 집-빨간 기와 얹어진

단독주택을 수시로 드나들면서, 그 집안의 사정을 차츰 알아가기 시작했다. 중1(맏딸), 초등생 5학년(아들), 3학년(막내 딸)인 어린 세 자녀들과도 안면을 익혔다. 군더더기 없는 사소한 친절에는, 그녀의 장손아들이 필자가 담임인 주일학교 상급반 학생이라는 배경의 인연이 보강으로 받쳐져 있었다. 집을 찾을 적마다 따뜻하게 반겨주면서, 부실한 식사일지라도 제대로 챙겨 먹지 못할, 그 척박한 환경적 처지를 보듬듯이 차려준 한 상의 대접에서도 '이웃을 내 몸처럼 사랑하라'는 그리스도의 손길이 얹어져 있었다. 때로, 밤늦게까지 나눈 그녀와의 주 이야기는 신앙의지를 다지는 성경이었다.

그녀는 비록 외도 중이긴 하나, 자녀들의 학비와 생활비 전반을 가장의 도의적 책임감으로 다달이 보내주는 그 남편에 대한 험담을 일체 발설하지를 않았다. 속상하다-행복하지 않고 슬프다-힘들게 해서 밉다 등 어두운 면의 속병을 입 밖으로 내뱉지 않고, 깊은 함구로 묻었다. 단, 간혹 이를 악문 뒤로 쓰디쓸 심적 고통을 견디는 낌새를 표정 관리 차원에서, 여리게 표출하기는 했었다. 신앙의 힘으로 극복하는 면면도 동시에 읽혔다. 그 남편이 부산에서 이따금 올라올 때마다, 부부는 다정하게 주일예배에 참석을 했다.

우리는 그 교회출입을 끊어서도 만남을 지속했다. 종로구 효제동소재-성도 수 적은 이층 임대 개척교회에 함께 출석하면서, 신앙이 보다 도모되는 장소를 찾아다니는 한편으로, 그녀의 셋집에서 약식예배를 수시로 드렸다. 그러면서 필자는 소소한 물질적 도움을 받았다.

그녀는 명도 올린 소유의 집이 없어 이사를 자주 다녔다. 근 20여 년 동안 7-8번 정도 주소지를 옮긴 것으로 기억하고 있다. 그때마다 필자는 시간을 내서 종류별로 종이박스 속을 채우거나, 부피 큰 이불 따위를 보자기에 싸 묶는 일을 적극 도왔다. 그 마지막 날이, 서울 우이동에서 장거리인 충남 예산군이었다.

그 전날 필자는 넉넉하지 못한 집안의 살림 사정을 고려하여 한 가지 제안을 냈다. 지방에서 짐을 싣고 올라왔으나, 이차 건이 없어 빈 차로 내려갈 형편에 놓였을 그 화물차를 섭외하자는 것이었다. 필자의 놀라운 사리분별의 지혜를 이내 수긍한 그녀는, 즉시 화물터미널에 전화를 걸어 연결된 그 차주와 구두계약을 맺었다.

예약대로 그 차량은 시간 맞춘 아침 일찍 대기를 마쳤다. 그렇게 준비가 신속했던 배후에는, 지방기사가 전날 밤에 주소지 동네에 미리 도착하여 인근 여관에서 잤기 때문이었다. 집안의 모든 짐들을 5톤 트럭 적재함에 옮겨 실은 그날은, 전날에 식구들과 모처럼 하룻밤을 보낸 남편도 있었다. 완전한 귀가는 아니나, 조만간 본처 정착 의사를 밝힌 남편의 사업장과 가까운 위치라, 비로소 서울을 벗어나게 된 것이었다. 그 과정에서, 두 딸이 애지중지 보살피는 흰털 개(포메라니안)를 잃기도 하였다.

 그 사연은 이렇다. 목적지로 안내하는 아버지의 검은 대형승용차에 탄 두 딸이, 여정 중도에 굳어진 몸을 잠시 풀 셈으로 조수석 문을 연 순간, 큰딸의 품에 다소곳이 안겨있던 반련 견이 가장 먼저 갑자기 잽싸게 뛰어내리면서, 지나온 이차선 지방도로 면을 따라 뒤돌아보지도 않고 도망치듯이 멀리멀리 달아나는 것이었다. 이름을 외쳐 불러도 소용이 없었다. 이해할 수 없는 견의 줄행랑은 스스로 돌아오지 않는 한 가망은 희박했다. 결국 포기하고, 남은 길을 달려 일몰 전에 가축 소 냄새 짙은 촌구석 새집에 무사히 도착했다.

 이날, 필자는 그 집 식구들과 정리를 채 끝내지 못한 짐들로 어지러운 한 지붕 아래에서 휴식을 취했다. 늦은 시각이라 서울로 돌아갈 수 없었기 때문이었다.

 시골에서 살기 싫다던 두 딸은, 아버지의 적극적 찬성으로 캐나다 연수훈련을 떠났다. 해외에서 1년 만에 돌아온 두 딸은, 서울사당동 한 아파트에 정착했다. 두 자매가 함께 근무하게 된 영어 학원과의 거리를 감안한 선택지였다. 이때도 두 딸의 어머니는 인근 부동산을 드나드는 수고를 마다하지 않았다.

 성격이 좀 무딘 편인 동생과 달리, 수면 부족 탓에 눈살을 찌푸리는 횟수가 잦은 큰딸은 까탈하게 예민했다. 그 딸이 같은 학원 강사인 남성과 이성교제를 시작했다. 그리고 강남 한복판 예식장에서 백년가약의 결혼식을 올리게 되었다. 그러나 많은 하객들이 착석해있는 그날의 예식장 분위기는, 새 부부 출발의 축제장이 아니었다. 신장이 큰 아버지 손에 이끌려 이윽고 등장한 신부의 흰 드레스 모습은 너무나도 가녀렸다. 앙상하게 마른 몸매가 쓰러지고 말 듯이 너무나도 쇠약했다. 신부를 향해 일제히 시선을 모은 하객들의 입들마다에서, 놀랍다는 탄식이 들숨과 날숨으로 연시 내쉬어졌다.

그 결혼 이틀 전에 필자는, 사전 연락대로 두 딸이 사는 아파트를 방문했었다. 맏딸은 은색커트에 가려져 실내가 약간 어두운 창문 편 침상에 누워있었다. 누운 채에서 필자와 눈을 짧게 맞춘 딸은, 고통의 된 신음을 간간이 새어냈다. 그 딸을 앞에 두고 어머니와 필자는, 약식예배 후 기적의 은총을 기대한다는 기도를 올렸다.

어머니 설명에 따르면 떠먹이는 식사를 거를 뿐 아니라, 잠도 쉬 이루지 못한다는 것이었다. 사실, 그녀의 체력은 생기를 잃은 마른막대기처럼 쇠약했다. 딸의 이 모습을 눈물로 바라보는 어머니의 심성은 새까맣게 타 들었을 것이다. 그럼에도 어머니는 갈기갈기 찢기는 침통을 전혀 내색하지 않고, 딸의 몸을 가볍게 주무르며 미소 머금은 모정의 사랑만을 토닥토닥 보였다.

당시 필자는 개인적 소원을 하나님께 빌었다. 건강을 되찾으면, 제일 먼저 짜장면을 사 주겠다 한 저 딸의 남편이 되게 해달라는 읍소의 기도였다. 딴에 나와 결혼한다면 딸이 병마에서 해방될 수 있다는 믿음을 갖고서 말이다. 그러나 들려온 응답은 "안 된다"였다. 이 뿐 아니라, 이틀 뒤 결혼식장에도 "가지 말라!"는 강력한 경고의 메시지를 들려줬다. 그럼에도 필자는 꼭 참석해야 한다면서 굳이 발품을 팔았다.

나중에 들은 얘기지만, 어머니는 필자와 똑같이 딸의 결혼을 원치 않았다한다. 그 첫째 이유가 신랑 측의 무신앙이었다. 그럼에도 부담이 굉장했을 큰돈을 써가며, 기어이 결혼식을 올릴 수밖에 없었던 배후에는, 남편이 꺾을 줄 모르는 완고로 밀어붙였기 때문이라는 것이다. 의견 대립인 싸움은 피하고 보자는 양보의 결말은, 딸을 하늘나라로 먼저 보내는 운명을 맞았다.

무시에 가슴이 찢긴 여인

전화를 받은 시간은 늦은 저녁이었다. 셋집에서 그리 멀지 않는 장소는, 한 동네 지역이라 도보로 당도했다. 어묵(오뎅), 파전, 막국수 등을 파는 소규모 분식점이었다. 세 개의 식탁만이 놓인 그 사이 통로가 좁아, 한 사람만이 겨우 다닐 수 있는 영세 가게였다. 그 네 다리 식탁에 달린 등받이의자 하나를 옆으로 돌려 앉은 여인은, 어디서 한바탕 울고 왔는지 눈시울이 촉촉하게 젖어있다. 짧은 파마머리에 대충의 차림새로 큰 몸집을 감싼 여인이다.

역시 몸집이 큰 여주인도 필자와 안면이 깊다. 두 자녀 중 결혼한 딸이 항공사 객실승무원이라는 데, 오랜 궁핍 속에서 허덕이는 꼴로 미뤄 면목 상으로 내건 거짓말 같다. 소개대로 안정된 직업을 갖고 있다는 사위와 딸이 각자 버는 고정수입이 중산층 수준이라면, 받는 용돈도 두둑할 터인 데? 사치로 꾸민 차림새나 새어내는 작은 목청의 어투는, 그와 좀 거리가 느껴진다. 진실성이 별로 안 보였다. 회색 스키니진 바지를 입고 있다.

어느 해 전국동시 지방선거 시, 평소부터 알고 지내는 토박이 구청장후보의 유세장 주변에서 유인물만을 들고 있다, 선거관리위원회에서 나온 감시원한데서 선거법위반이라는 죄명을 덮어쓰게 된다. 낯을 익히려다 코가 베었다고-그 후 그 억울한 누명을 벗기 위해 정해진 요일시간에 맞춰 관할 지방법원을 들락거렸다. 무겁게 짓눌리는 심리적 부담은, 의뢰를 올린 변호사비용이었다. 계약금조로 지불한 돈이 몇 백 만원이란다. 그 비용을 대려 은행에서 그에 맞춘 얼마의 생돈을 빌렸단다. 여인은 구청장후보에게 감당 힘든 버거운 비용만이라도 제발 책임져달라고 몇 차례 호소를 했단다. 그렇지만 구청장후보 측에선, 우리와는 상관없는 문제라는 식으로 빈정거리는 웃음만을 날렸단다. 여인이 인간이하로 얄미워진 그 인물의 망신 주기 수단의 보복은 주민들에게 널리 알리는 것뿐이라며, 그 비난 성 담은 혀의 험담을 여기저기 퍼트리고 다니고 있는 걸로 알고 있다.

구체적으로 어떤 행위가 선거법위반에 적용되어 환갑연령을 넘긴 노인을 그토록 괴롭히는지는 필자로서는 알 도리 없으나, 탐욕이 강한 여주인이 공통적으로 남긴 발자취는 책임 저버린 가벼움 이었다는 것이다. 자기의 유익에 부합되지 않는다 싶으면, 등록한 단체에서 말없이 자취를 감추는 것은 예사이다. 그 이야기를 들어준 필자가 돌려준 답변은, "침착으로 자신을 추스르세요." 한마디뿐이었다.

손님인 여인은, 남편의 부동산사업 부진으로 구청에

서 내리는 일을 받으려 애를 쓰는 구인자이다. 그녀는 그 사업에 맞는 공부로 실력을 갖추는 준비를 하고 있다. 그 진행과정의 교육장에서 능력이 안 된다는 무시를 당한 모양이다.

공개모욕으로 오십대 수강생에게 큰 상처를 입힌 강사는, 그 방면의 능력이 출중할 수 있다. 곧잘, 오만으로 비쳐지는 그 자신감으로 머리를 꽉 채운 강사는, 그렇게 일러줬는데도 접근성이 떨어진다 싶으면 경멸하는 기미를 흘려낸다. 성질이 직설적인 사람은, 그 자리에서 손에든 펜을 내던지며 온갖 욕설로 망신을 주기도 한다. 여인은 이 둘의 종류 중 후자의 멸시를 당한 모양이다.

생계안정은 가족을 지켜내는 보루이다. 그 수단의 경로는 직업선택에 달려있다. 여인은 이전에, 어느 대학교수가 사비로 설립한 사회봉사기관의 사무직원으로 사회생활을 시작했다. 무료급식, 외부강사를 세워 국어기초 교육 등의 프로그램으로 지역주민들과 호흡을 나눈 그 일지행적을 서류에 모아 담는 일을 했다. 그러나 필자와 초등학교동창인 그의 회장임기가 끝나가는 어느 시점에, 자기에게 회장직을 맡긴다면 놀라운 발전을 도모하겠다는 당찬 꿈을 밝힌 대가는 혹독했다. 설립자 입장에서는 그 도발이 예민하게 탐탁지 않았는지, 직권으로 직임박탈을 내렸다. 이후 여인은 함께 근무했던 미혼여성과 준 공무원직에 도전하려 여러 방면의 사업을 시도했다. 시청이나 구청에서 무상으로 제공한 건물 장소로 출퇴근하며 어린이교육, 생태계 보존 등의 활동으로 직업으로서의 정착을 꽤했다. 그 바탕에서 보다 나은 실력을 갖추려, 그에 맞는 교육기관을 끝없이 쫓아다녔다. 그 과정에서 얼굴에 구멍 난-가슴 찢긴 치욕을 맛본 것이다.

다 식은 접시파전에 꼬치 꽂아진 용기 안 어묵을 앞에 두고, 엉엉거리는 눈물을 하염없이 쏟아내는 여인을 대체 어떤 말로 위로를 해야 할까? 그 진정의 말을 듣고 싶어 글을 쓰는 작가를 불러냈을 터인 데-도대체 머리가 백지 하여 실마리가 안 잡힌다. 속이 풀릴 때까지 실컷 울도록 내버려둬야 할까? 그렇게 해매는 머릿속에서 나온 한마디가 "용광로에 녹아진 쇳물은, 새로운 형태의 농기구 탄생 준비이다."라는 말이었다.

여류시인

　　　　　　그녀의 남편이 별세했다는 소식은, 평소 알고 지내는 제삼자로부터 전해 들었다. 함께 조문 가자는 그의 제안을 어떤 핑계를 대고 기약 없이 미뤘다. 이튿 날, 알고 있는 데 꼬리에 꼬리를 물고 놓지 않는 그 어떤 변명의 셈법을 내세워 외면만 하는 것은 도리가 아니다, 라는 소신에 따라 마음준비에 들어갔다.

　인사성이 밝은 그의 아내 역시도 성품이 고답하게 너그러운 여성이다. 슬하에 갓난아이 때부터 보아온 외아들을 두고 있다. 그녀에게 전화를 넣어 영안실 위치를 알려 달라했다. 답변은 오후 2시 어느 지점에서 교회차량이 출발한다는 것이었다. 필자는 막 일어난 정신을 깨우는 일회용 믹서커피 한잔을 겨우 마셨을 뿐이다. 30분 내로 대충 씻고 달려간다 할지라도, 그 시간 당도는 불가능하다. 필자는 영안실 안내의 길목이 될 만한 문자를 남겨 달라는 말을 끝으로 통화를 마쳤다.

　어둠에 묻힌 고요한 시간대에 글 쓰는 작업은 종종 낮 시간 때를 놓치게 한다. 막심한 손해는, 해가 긴 여름철의 그 낮때 시간이 짧다는 것이다. 식사시간도 불규칙할 뿐만 아니라, 무엇보다 항상 수면 부족 상태라,

집중력이 흐리멍덩하다는 점도 피해라면 피해랄 수 있다.

　필자의 경우는 수면 질이 부실하면 우울증 강도가 아주 거세진다. 어김없이 불안증과 뒤엉킨 침통한 걱정부터 하루를 맞이한다. '내 자신이 싫다' '나는 왜 이토록 불행한가?' '나는 왜 남들처럼 생활의 자유를 누리지 못 하는가' 등등의 심리적 비관 속에서 인생포기라는 자학이 매우 살벌하다. 사회와의 소통도 낮아져 사람들을 사귈 수 없다는 약점도 동시에 안고 있다. 그래서 일의 진도가 더디거나, 아예 나갈 수 없다는 낮보다 밤에 글이 잘 쓰인다는 변명이 생겨났다.

　처음으로 찾게 된 안양 메트로 병원은 낯설지 않다. 언제던가? 그날 무슨 일로 그 앞을 지나치게 됐는지는 까마득하나, 아무튼 알 수 없는 어디로 향해 가는 버스 차창 밖에서 높은 지대의 큰 글자 간판을 두세 차례 봐둔 적이 있었다. 영안실진입로 아스팔트는 가팔랐다. 7월 중순의 무더위는 금세 땀을 흘리게 했다. 수면부족인 몸이 힘들어한다. 물어 알게 된 빈소는 이층이었다.

　활짝 열린 빈소는 비어 있었다. 미리 준비한 봉투를 조의금 함에 넣고 방문록에 기재를 하려는 데, 그 맞은편 식당에서 검은 상복차림의 여성이 눈을 휘둥그레 뜨고 신발 신을 겨를 없이, 양말 발로 바쁘게 건너온다. 전혀 예상치 못했다는 면목의 반응을 확연히 띄우고 있었다. 그보다 젊은 두 여자와 검은머리 숱 많은 남자 한 명이 그 뒤를 따랐다. 필자가 영정을 향해 짧은 추모의 묵념을 마치고 돌아서면서, 벽면 편으로 도열해 있는 네 유족들과 상면을 했다. 고인의 아내가 두 딸과 한 달 전에 큰딸과 결혼하여 사위가 된 청년을 차례로 소개한다.

  5-6년 전에 관계를 전격 끊은 지역 문인협회 월례모임에서 안면을 익힌 시인. 목소리가 예뻐 시 낭송 초청 횟수가 잦았던 가녀린 여인. 동갑인 고인의 아내. 지병을 끝내 이겨내지 못하고, 하늘나라로 먼저 떠난 그 고인을 처음이자 마지막으로 본 장소는, 손바닥 크기의 잡화가게에서였다. 시인을 보려고 들른 가게 문을 옆으로 밀어 열자, 대뜸 부재를 알렸던 그 노인. 처음엔 시인이 가게를 지켰었다. 그렇지만 다짐에 비해 동네장사가 시원치 않자, 시인은 보험회사 근무로 진로를 바꿨다.

  인생은 어차피 한번 뿐이다. 만남에는 이별이 전제로 깔려있다. 그 후에는 그 모든 관련과는 단절로 끝난다.

  남편과 사별한 시인의 깊은 눈물의 슬픔, 필자는 진정 모른다. 단지, 사회적 통례로만 알고 있을 뿐이다. 전화를 받은 저편의 예쁜 음색은, 완전히 결 다르게 귓속으로 한가득 밀려들었다. 서로 반말을 썼던 사이인데, 말끝마다 감사를 섞어가며 붙이는 존대가 생경했다. 그럼에도 필자는, 예전의 꿈꿈한 말투로 "남을 위해서라도 열심히, 밝게 살자"라는 격려를 되뇐다.

6·25를 상기하며

 격월마다 정기적으로 보는 3+1명의 초등학교 동창들과 임진각일대 관광에 나선 날은, 동족상잔의 비극이 발발했던 6·25사변 기념일이었다. 필자에게는, 6·25사변과는 남달리 깊은 연관이 있다.

 그날 이른 새벽에 삼팔선을 무단 넘은 북침에 의해 도발된 그 전쟁 와중 2년 차에, 사직동 아동시립병원에 똑똑하게 생겨 먹은 젖먹이 남자아이가 맡겨졌다. 엄마의 숨결 어린 체내의 모유 대신, 목재요람에 누워 누군가가 젖니 입안에 물려준 젖병을 빨면서, 아기는 세상을 보는 눈을 차츰 키웠다. 여섯 살이 된 아이는, 안전칸막이가 둘러쳐진 파란색 목재침상에 누워서 창밖을 내다보며 흰 구름 몇 조각이 떠 흐르는 파란 하늘 아래, 한 그루 생나무를 향한 뜻 모를 짧은 시 한편을 머릿속에서 읊조렸다.

 혜안이 밝은 평화의 갓난아기는, 시립병원에다 자신을 누이고 홀연히 떠난 친부모와의 영영 이별인 것을 알 턱없이, 그곳에서 상도동소재 영아원을 거쳐 경기도 시흥리 동면 시흥리161번지 58보육원(현 서울금천구 시흥동=전쟁고아 보호소)에, 6명의 유아들과 함께 입양됐다.

그 한명이 근 4년 만에 일행에 낀 지종구였다. 그는 살아 숨 쉬는 생태계의 생성을 동영상카메라에 담는 전업을 가진 평생의 죽마고우이다. 나머지 세 친구(제주도에 양녀로 입양된 여1)들은 지방 각지로 흩어져서 살기에 얼굴 보기 힘들고, 다만 이따금 휴대전화기 문자로만 안부를 전하고 있을 뿐이다.

이렇게 인연이 깊은 그들과 장소와 시간은 다르나, 처음으로 상도동영아원에서 지프차를 타고 58보육원에 입소한 5명의 친구를 하루 안에 다 볼 수 있는 기회가 있었다. 출석교회에서 개최한 필자의 출판기념회 초대에 맞춰, 제주도에서 비행기타고 날아온 오(이)영희을 필두로, 100인 분의 떡을 배달 온 김에 주차장에서 짧게 만난 박대희(방앗간주인), 현장사진을 찍으러온 지종구 등을 한꺼번에 볼 수 있었다. 행사를 마친 후, 뒤처리는 엄청 남은 떡을 욕심으로 마구 챙겨 담는 교회 할머니들에게 아무렇게나 떠넘기고, 부랴부랴 영희를 데리고 용문 행 전동차를 탔다.

어느 날 보육원 상공에 헬기 한대가 한 바퀴 선회한 후 사라졌다. 솔잎대강이 아이들은 그 신호를 직감 상 알아차리고 단체로 다니는 국민(초등)학교로 우르르 내달렸다. 학교운동장에는 흙먼지가 뿌옇게 흩날리고 있었다. 그 사이로 소음 큰 날개 회전속도를 줄이며, 안착을 준비하는 헬기를 볼 수 있었다. 보육원을 물심양면으로 돕는 석수동 소재 미군260부대 헬기였다. 헬기

앞으로 신나게 달려드는 원아들에게 조수석에 앉은 채에서 만면의 웃음으로 손을 흔든 사람은, 군복차림에 중위계급장을 단 흑인장교였다. 잦은 방문으로 낯이 무척 익은 중대장은 한국어를 곧잘 하여 누구와도 소통이 원활했다. 인기가 좋아 아이들에 둘러싸여 있다. 그 중대장이 그 중에 한 계집을 번쩍 안아 헬기조수석에 앉혔다. 콧잔등에 곰보 세 개가 돋아있는 5학년 염영희였다. 그날을 똑똑히 기억하고 있는 필자는 전동차 안에서 그 얘기를 회상으로 들려주면서, 성인이 된 두 자녀의 엄마인 영희의 그 부위를 검지 끝으로 톡톡 치기도 했다.

사전연락을 받고 용달차를 갖고 용문역에 마중 나온 사람은, 5살 터울의 이영희누나 남편이었다. 마른 체구의 신장이 훤칠했다. 그런데 뜻밖에도 그곳에 박태웅이 와 있었다. 출판기념에 온다했던 군 출신 친구였.

어린 시절에 한솥밥을 먹었던 옛 사람들과 늦은 저녁을 정겹게 나눠 먹고, 다음날 교회출석을 위해 자리에서 일어났다. 영희는 그곳에서 하룻밤을 자는 것으로 내약을 잡았기에 남겨두고, 박태웅의 소형 차량으로 상당히 늦은 시각에 서울로 되돌아왔다. 보육원퇴소 후 염소치기 목동이었던 시절에 몇 차례 봤던 염일남(짱구)만은, 연락할 길이 없어 빠졌다. 지금껏 생사 여부도 전혀 모르고 있다.

필자는 태생부터 부모에게 버림을 받았다. 일가붙이 한 명 없는 그 덕분에 환경이 비탄하도록 황량했다. 고아의 특성상 온갖 비행거리에 노출되어 있었다. 그렇지만 자기가 싼 배설물 위를 아무렇지 않게 뒹굴뒹굴 구르면서 제 몸을 더럽히는 잡식동물의 돼지처럼, 제멋대로 나대며 까부는 불량자들에 소개되는 비운의 함정에는 용케 빠져들지 않았다. 일찍부터 지금도 변치 않고 섭리로 간직하고 있는 바이지만, '고아처럼 버리지 않으신 하나님의 특별보호를 받은' 덕분이었다. 단 한번, 정처 없이 떠도는 초등학교동창의 유혹은 받은 적은 있었다.

예부터 눈 깜빡 횟수가 잦으면서 제 손가락을 물어뜯는 버릇을 지녔던 동창은, 초등학교 다닐 시 포도밭집 아들로 불렸다. 필자도 동료 몇몇과 새가지가 자라면서 꽃이 피는 즈음, 포도나무 껍질을 벗겨주는 일당으로 2원을 번 적이 있었다. 한데 어찌된 영문인지 양부모 슬하에서 초등학교 전 학년을 마쳐 함께 졸업하여 동창생인 된 그는, 일정주거 없이-안색 영향력이 푹 빠진-행세 남루한 몰골로 이리저리 돌아다니고 있다? 며칠을 붙어 다니면서 그의 고백을 들었다. "사실, 나는 피 한 방울 섞이지 않은 포도밭주인의 양자로 들어앉았을 뿐, 너처럼 고아다"라는 것이었다. 그래서 동창은 헐벗은 환경 상 남의 물건을 호시탐탐 노리는 좀도둑이 되지 않았나 싶긴 하다.

수재민들의 대거 유입으로 평화했던 농경마을 시흥동(서울시로 갓 편입된 시기)은 산천황폐가 시작되었다. 가을철에 마당 쓰는 비로 쓸 싸리나무를 베러 다녔을 뿐만 아니라, 여름방학 숙제 물로 곤충·식물채집도 했었던 그 산 능선 전체 면적에 고샅을 둔 빈민천막들이 우후죽순 다닥다닥 들어앉았다.

그 이틀쨋 날 저녁. 동창은 어둠이 덮이기를 기다렸다. 두 동창은 산 장상 바위에서 한낮 시간을 보냈다. 산중에 버려진 녹 낀 깡통 속을 대충 헹구고 떠 담은 계곡물에 라면스프 하나를 푼 멀건 물을 나눠 마시는 걸로 기운 빠진 허기를 그나마 달랬다. 그 한편으로 초등학교시절에 비해 체력이 훌쩍 자란 동창과 우정을 다지는 계기를 가지기도 했었다.

이윽고 귀신의 시간인 밤이 찾아들었다. 통금사이렌이 울리는 직전이라, 천막촌 일대는 인적이 거의 끊긴 상태였다. 부엌을 찾아 우선 배고픔을 해소할 무슨 음식물이든 훔치겠다는 계획을 미리 세워둔 동창은, 단번에 무너트릴 수 있는 한 허름한 천막 앞에 섰다. 필자는 그의 지시대로 사람을 경계하는 망을 봤다. 그랬던 동창은 갑자기 그 앞에서 돌아선 몸의 행동을, 불빛 한 점 없는 숲지대 방향으로 아주 급하게 내달리는 것이 아닌가. 이편과 이미터 사이를 둔 한 검은 물체가 하의를 벗자마자 쭈그린 몸을 낮추었다. 무슨 짓을 하는지 충분히 가늠은 잡혔.

한참 만에 마냥 기다리는 필자에게로 돌아온 동창은, "희한하게 이런 짓을 하려면 배가 아파 대변을 봐야 한다."라는 변명을 늘어놨다. 동창의 경험미숙의 어리숙한 실패로 굶주림 해소는 기약 없이 미뤄졌다. 그 다음날 두 동창은 어찌 하다 인사도 없이 각자도생으로 갈렸다.

필자는 핏줄과 손장난을 친 생리적-순환적 온기를 나눠본 적이 한 번도 없다. 나로써 나의 인체를 바로 세울 수 없었다. 앞에서 이끌어주는 인도자는 어디에서든 나타나지 않았다. 나의 안위를 보이지 않게 음양으로 돌봐준 호위무사는 오직 기독교신앙이었다. 그다음에는 홀로 앉아서 공부하듯 읽은 독서의 힘이 컸다. 제대로 먹여주지를 못해 늘 누리끼리 마른 몸매는, 두 다리 쭉 뻗고 지낼 공간을 염원했다. 그렇지만 한시바삐 그 안정 바란다는 환상은, 당면의 현실과 동떨어진 구차한 저주만을 지속적으로 안겨줬다. 무슨 까닭인지 실마리가 도통 잡히지 않는 방황은 극악무도했다. 그 무렵에 가장 뼈아픈 배신감을 안겨준 배후는 '찬송하리로다. 그는 우리 주 예수 그리스도의 아버지시요, 모든 위로의 하나님 이시로다(고후1;3)' 성경구절이었다. 위로는커녕, 이와 전혀 배치되는 운신을 고통스럽게 옥죄는 환경으로 끝없이 괴롭혔다. 며칠을 굶어 등짝에 붙은 허기 배를 움켜쥐고, 도랑 변에 버려진 둥그런 콘크리트배수관 안에서, 3월의 밤 추위에 부들부들 떠는 부랑아 체험을 겪기도 했었다. 이뿐 아니라, 생계를 위해서는 어떤 일이라도 해야 했지만, 역으로 어떤 직업도 갖지 못하도록 방해만을 쳤다. 그 가운데서 웬일인지 성경과, 수시로 꺼내 읽을 책은 항시 몸에 지니고 다녔다.

정함 없이 가파른 절벽을 기어오르는 과정은 기진맥진 험난했다. 앙상하게 메마른 궁핍의 한복판에서도 존재는 이를 악물고 세파를 헤쳐야만 했다. 참 많은 갈급한 눈물을 흘렸다. 이해가 불가한 이 생고생을 인간의 주관으로 면해보려 기도로 헤맸다. 훗날에 '사람을 의지하지 말라'라는 음성을 몇 차례 듣고, 비로소 그 섭리 뜻에 감사한 해석을 달 수 있었다.

'주께서는 인생으로 고생하게 하시며 근심하게 하심은 본심이 아니시다(예레미야애가3:33)'

1983년 여의도광장에서는 KBS주관 하에 이산가족찾기 운동이 전국적으로 펼쳐졌다. 이참에 혈육을 찾아보겠다며 날 잡은 어느 한 날에, 콘크리트로 온통 뒤덮인-회색지표가 밝은 여의도광장을 밟았다. 저마다 언제, 어느 동네지방에서 살다 생이별한 누구누구를 찾는다는 사연을 적은 각양각색의 크고 작은 손 팻말, 또는 누구나 쉽게 볼 수 있도록 현수막을 높이 내 걸기도 하였다. 혈육의 그리움을 넘어, 양친부모와 그 슬하에서 한때를 지낸 형제자매들의 이름을 닭똥눈물로 연시 부르면서 여기저기 헤매고 다니는 이산가족들. 그 많고 많은 인파들 중에는 알 만한 사람은 한 명도 없었다. 태생이 불분명하니, 그 증표로 내세울 건더기가 아무것도 없었다. 막연함에 잠겨 들 수밖에 없었다.

갓난아기 때 어렴풋이 본-푸른 물결이 출렁이는 바닷가 기억이 그나마 남아, 그 근거로 배다른 누나와 극적으로 상봉하여 현재 경남통영에 살고 있는 첩의 자식 박대희처럼, 존재의 뿌리가 밝혀질 혈육을 가슴으로 안는 생동의 불꽃을 끝내 피우지를 못하였다.

내친 김에 흔적 없이 사라진 그 옛 상도동영아원 터였던 지역을 불쑥 찾아, 그 앞 감리교회에 다닌다는 노파를 용케 만날 수 있었다. 백발노파의 회상은 또렷했다. 노파 소개로 영·유아들의 보호를 맡았던 원장 부부를 화곡동자택에서 대면했다. 그렇지만 어찌된 영문인지, 원장은 필자의 출생에 실마리가 될 서류를 한 장도 보관하고 있지 않았다. 딱 하나, 당신의 성 씨에 맞춰 이름을 지었다는 답변만을 고작 들었을 뿐이다. 막막했다.

그 당해, 1978년도에 서초구 헌릉로로 이전하여 자리 잡은 아동시립병원을 전격 내원했다. 그러나 6·25동란에 관한 전쟁고아들의 실태 서류 따윈 일체 없다는 소식만을 접해야했다. 2016년에 관할경찰서를 찾아 채취로 남긴 DNA에 관한 소식도 여적 깜깜 무소식이다.

임진각일대 관광은, 1971년 통일의 분위기를 한껏 띄운 남북공동성명발표 직후 개방되어 오늘에 이르렀다. 도착한 시간은, 오전 10시 반경이었다. 선착순으로 표를 미리 사둔 일행은, 시간 상 아무래도 끼니를 거르겠다는 한 친구의 농담 같은 한마디에, 경내 2층 식당에서 점심을 당겨 먹은 후 셔틀버스에 올랐다. 도착한 곳은 A코스 제3땅굴이었다. 길이 1,635m, 폭-높이 각 2m인 땅굴 안은 바깥의 땡볕 더위 잊도록 서늘했다.

이후 차례로 들러본 곳은, 남쪽 최북단 DMZ 안에 위치한 도라 전망대였다. 북한의 김일성동상 및 선전마을의 농토 등이 바로 눈앞에 펼쳐져있는 광경을 볼 수 있었다. 이어, 도라산 역을 지나 천혜의 청정지역인 해마루 촌과, 허준선생의 묘를 거쳐 통일 촌을 둘러봤다.

오후 한 시가 갓 지난 머리 맡 해. 이대로 서울로 돌아가기에는 너무 일러 일대 지리를 제법 아는-경험 쌓은 지성의 농담으로 주변을 곧잘 웃기는 친구의 안내로, 파주 이이선생의 유적지를 관람했다. 우리의 50000원 권 지폐에 오른 신사임당의 아들이며, 1000원 지폐의 상징 인물인 퇴계 이황. 인생말년에 낙동강을 바라보는 도산서원을 지어 후학 양성에 힘을 썼던 이이선생. 그 이황선생의 14대 손이 이육사(이원록 李源祿) 시인이다.

네 동창 중, 신장이 제일 큰 염색머리 친구가, 느닷없이 남편 이원수(李元秀)와 합장된 신사임당 단분(單墳) 묘역을 향해 땅에 엎드려 예의를 갖춘 배계절(拜階節)을 올린다.

석연찮은 고민

 "난 네가 못 마땅하다."
 배낭을 메고 길을 걷는 필자의 뒷모습을 알아보고, 유치원 노란색 승합차량 운전석에 앉은 채에서 가벼운 몇 마디 나누고 헤어진 지 2분여 만에, 전화를 걸어 다시 부른 한 동네 초등동창 친구가 다소 굳은 생각을 굴리는 안색을 짓고, 지갑에서 꺼낸 3만원을 억지로 쥐어주면서 한 말이다. 그새 차량을 어디에 세워 뒀는지, 걸어서 필자를 다시 만난 친구가 "너에게 회비 더 내게 하는 부담 지울 수 없다."면서 건넨 그 3만원은, 직전 주말에 당일치기 나들이 비용의 일부 채움 성격이었다.
 직전 주말은 정기모임 날이었다. 초등동창 네 친구는, 전남 불갑사 경내를 둘러본 후, 바다를 가로질러 긴 다리를 놓은-일대개발이 한창인 새만금의 세찬 바다바람을 흠뻑 들이키고 귀가했다. 이날 차량기름, 두끼 식사, 휴게소에서 마신 커피 값의 총지출은 278,000원이었다. 늦은 외식 후 거둔 회비는, 차량과 안내기사로 긴긴 시간을 봉사한 차주 빼고, 각 7만원씩이었다. 뒤늦게 계산을 마친 필자는, 총지출 108,000원을 맞춘 것으로 회비납부를 완료했다.

필자는 다음날 그 내역을 담은 회계보고서를 단체 카톡방에 의무적으로 올렸다. 그 몇 시간 지나 이 친구가 전화를 걸어왔다. 친구는, 8만원씩 냈으면 꼭 맞는데, 왜 그렇게 하지 않았느냐면서 나무랬다. 그러면서 친구는 이말 저말 뒤로 나의 통장번호와 생일, 그리고 두 친구의 생일 날짜를 문자로 보내 달라 청했다.

필자는 격월모임 회원이기에 한 달 전에 운영공장을 이전하여 축하화환을 보낸 그 친구와, 나의 생일만을 문자로 띄웠다.

다음날, 그날 나들이에 동반했던 한 친구가 제 생일 날짜를 끝내 안 알려준 그 사유를 소개할 겸, 전화를 넣어 통장번호는 알려줄 수 없다는 고집을 부렸다. 그 배후는, 가변 회비 성격의 부족분은 총괄로 주도한 자가 마땅히 감수해야 한다는 지론의 따름이었다. 그 이틀 후, 필자를 먼저 알아본 그 친구를 노상에서 우연히 만나게 된 것이었다.

오피스텔 여러 채 임대수입과 안정된 가정을 모범적으로 지키고 있는 친구는, 20년 역사의 모임참석 역시도 변함없이 성실하다. 그럼에도 염색머리 칠순을 막 넘기기 시작한 그 연령대임에도, 유치원차량 운전대를 좀처럼 놓지 않고 있다. 말을 돌려 병원을 모르는 필자와 딴판인 친구는, 다니는 병동이라는 별명처럼 병력이 헤아릴 수 없이 많다.

필자는 꿀렁거리는 과정을 밟는다. 분명 대인 관계에

있어서 문제점이 있는 것 같다. '애착관계 부재'란 말이 외로운 추위에 떨게 한다. 친분이 가까운 동창이므로 쓴 시를 보내고, 인간성을 칭송하고, 차와 식사를 나누다할지라도, 그의 견해에 동의한다는 의미는 아님을 상기한다. 빗면으로 밀려나는 성격 차를 느낀다. 소통 부재를 실감한다.

이처럼 차이의 다양성은 분명 존재한다. 그런데 자립정신에만 오로지 매달려 있는 독처 자는, 부대끼는 대면 관계가 철없이 미숙한 편이다. 상대를 이타심으로 인정해야 한다는 상식과 달리, 내면적으로는 이상한 편견을 품기 일쑤이다. 합리적인 균형을 찾아야 할 형편이다.

자립은 홀로 서기이다. 그러나 앞뒤를 맞추는 성찰의 기로를 밟고 있는 지금의 주요 대상은, 석연찮은 고민 해소이다. 누군가와 상호작용을 하면서, 도움을 주거나 받는 과정의 필요성 부각이 그 예이다.

이 친구와 최근 보름 전, 여러 사람들이 지켜보는 공개 자리에서 아무렇지 않는 사소한 일로 말다툼을 벌였다. 초등동창 전체 카톡 방에 배 밭가는 건 동참하겠다는 공지를 올리기는 하였으나, 차편 문제로 갈 수 없게 됐다는 설명을 듣고도, 연 전화기를 계속 들여다보면서 물고 늘어지는 발단에 따른 다툼이었다. 필자 편에서는 잔소리 같은 그 몇 차례 장황을 가볍게 받아들일 수가 없었다.

견(犬)들의 열렬한 환대

　　　　　　서울의 네 손님이 멈춰 선 승용차 네 문에서 거의 동시에 각자 내린 지대는, 울창한 숲정이에 둘러싸인 산촌이다. 가구 수 적은 아랫동네를 굽어보고 있다. 공기 순한 자연의 푸른 향기가 기분을 유쾌케 하는 한적한 환경이다. 이곳에 터를 잡고 사람이 생명의 숨결을 내 쉰지 아마도 40-50년은 됐음직한, 그 묵은 이끼의 더께가 암암리에 배태되어 있어, 조금도 거부감이 일지 않고 평정을 끼친다.

　초면인 주인장은 장판 씌운 평상에 앉아있었다. 손님을 맞이하는 태도가 무뚝뚝 관망적이다. 이미 다 알고 있다는, 나이 지긋한 여유이다. 그 주인장과 인사나누기 전에, 어디선가에서 불쑥 나타난 개(아메리칸 에스키모 도그) 한 마리가 새하얀 털의 몸으로 반겨 맞는다. 껑충껑충 뛰어오르면서, 손님과 입에 입을 맞추려는 과도한 애정이 보통을 넘는 이상의 환대이다. 손님이 무릎 자세로 반 안아서 목덜미를 쓰다듬어주자, 어쩔 줄 몰라 하는 재롱의 꼬리를 더더욱 힘차게 치며, 다리목을 몸체로 비비며 휘감는다. 손님과 하나 된 그 애교의 어리광 주변을 무게 있는 밝은 모습으로 맴돌던 또 한 마리 개가 끼어들어, 나도 안아달라며 야단법석을 떤다.

1살배기 새끼의 그 젖통어미이다.

 밑동의 허리춤 아름이 굵고, 외부로 뻗어낸 무성의 가지 수로 미뤄, 수령이 제법 깊을 느티나무 아래에 놓인 평상 한 귀퉁이에 손님이 걸터앉자, 재빨리 뒤따라 뛰어오른 모녀지간의 두 마리 개가 서로 경쟁하듯이, 앞 다퉈 한꺼번에 안겨든다. 두 마리 개와 격의 없이 함께 놀아주는 광경을 빙그레 웃음으로 지켜보고 있는 주인장 편으로 손님의 시선이 돌려졌다.

 장발백발인 그는 덥수룩 수염조차도 하얗다. 살이 붙은 인상착의는 악의 없이 순박하다. 그 내성의 표상이 표면에 그대로 떠올라있다. 아까부터 체내 요의를 느낀 손님은, 주거 밖 어딘가에 있을 화장실이 어디냐고 물었다. 주인장은 실내 안으로 들어가라고 구두로 안내했다. 해 밝은 밖의 영향으로 신발을 벗고 오른 마루거실은 다소 어두침침했다. 낡은 소파가 중앙에 위치해 있는 그 좌우 벽면으로 각종 짐들이 쌓여있다.

 그 사이 회색승용차는 경사 아랫길까지 벌써 내려가 있었다. 주인장은 주거건물 바로 앞, 오후 녘 느티나무 그늘이 짙게 드리어진-잔 돌멩이들이 울퉁불퉁 깔린 너덜겅 터에 주차해 있는 승합차에 타라고 낮은 음정으로 일렀다. 손님은 초면인 손님을 편의 하게 보고 있다는 감정은 확인은 했으나, 그 말의 뜻을 얼른 이해하지 못하였다. 일행이 탄 승용차에 타라 하지 않고, 왜 하필 큰 차에 오르라는지 영문을 몰라 했다. 운전석에 먼저 앉아 시동을 거는 주인장 옆 조수석에 오를 때까지, 두 마리 개는 손님에게 좀처럼 떨어질 줄 모르고, 가지 말라는 앙탈의 야단법석으로 껑충껑충 뛰면서 매달렸다. 친구 덕에 잠깐 외출하는 시간을 낸 남편을 배웅하는 아내의 입에서 "언제 봤다고 이 난리래."라는 말이 순박하게 새어나왔다. 앞 승용차 뒤따라 승합차가 멈춰 선 주차장은 주유소를 우측에 둔 식당이었다.

서울을 멀리 벗어난 경기도 양평까지의 여행은 생각지도 못한 일이었다. 배를 채운 중식 소화 겸 산책 중 들른 화실에서 비롯되었다. 원정욱(서양화가) 선생을 알게 된 지는 1년 전부터이다. 갓 출발한 안다미로 문화재단(가칭)에서 미술이야기 강사 섭외 건에 관해 의견 교환 중, 원정욱 선생 편에서, 본인이 점심식사를 막 끝내고, 1시간 전에 돌아왔을 그 서예학원에 가자는 제안을 따라나섰다 졸지에 일행에 끼게 된 것이었다.

한 건물 옥상 4층에 위치해 있는 김영규 서예학원장은, 필자와는 초등학교 동창이다. 필자가 한 동네로 이사 온 이후, 보통 일주일에 한 번 꼴로 보고 있다. 굉장히 가깝게 친해졌다. 그는 어느 덧 세상을 굽어보는 고령 나이에 접어든 초등동창 중 유일하게 대학원까지 나온 지식인 중에 지식인이다. 또한, 농사철 일정이나 일반주택 하자를 고치는 일에도 충분한 기능을 갖추고 있다. 여기에 국내 전 지방 지리는 물론이고, 그 곳곳마다 심어둔 인맥 수도 상당히 넓다. 오늘 역시도 친구를 오라비라 부른 작은 사찰 여승을 방문한 뒤이다. 그곳에서 몇 해 만인지 모를 수많은 제비의 흙집을 봤다.

저녁끼니가 된 식사를 마친 필자는, 식탁을 벗어나 짧은 시간에 다시 차인 방광요의를 식당 내 화장실에서 해소했다. 위생관리로 손을 씻은 것은 물론이다. 식탁으로 다시 돌아가는 길에, 실내 자판기에서 커피 넉 잔을 뽑아 모두에게 돌렸다. 식비는, 앞전에 여스님과 그림가격 합의를 거쳐 계약까지 체결한 원정욱 선생께서 결제했다. 필자는 모처럼 만났을 친구의 친구인 산장주인장과 시간을 즐기라며 곁자리를 비웠다.

주차장 가편으로 적은 양의 흰점 바탕에 검은 털을 가진 성충 견이 있다. 쇠줄에 목이 매여 있는 그 잡종견도, 산장 모녀의 개처럼 필자를 보자마자, 두 앞발을 데굴데굴 높이 쳐들고 배 전체를 드러냈다. 수놈이다. 파리 떼를 부르는 놈의 배설물이 군데군데 널려있고, 경사표면이 고루지 못한 높은 지대에서 이리저리 신나게 날뛰는 열렬한 환영은, 밥을 주는 주인 이상의 환대이다. 필자는 일 미터 높이 콘크리트 벽면까지 다가가 그 너머의 몸을 쓰다듬는 행위로 친밀감을 나눴다. 씻은 지 오래라 더러운 털 냄새 독하다.

텅 빈 주차장 복판에서 원정욱 선생은 담배연기를 날렸고, 다리가 불편한 장애를 가진 김충용 선생이 다가오면서 알아 듣기 힘든 무슨 말인지를 어눌하게 내뱉었다. 필자는 한쪽 귀로 흘리며 손 냄새를 맡는다.

검지 잘린 장애인

하루 넘겨 어제 시간 오늘의 일기에 담는다.

코흘리개 시절부터 한솥밥을 먹어 친구 중에 친구라 할 수 있는 그에 대해 질 좋지 않은 소식을 더러 들은 탓에, 만나고 싶지 않았던 것은 진심이다. 누구는 남의 등을 둔기로 내리치며 돈을 가로 채는 사기꾼이라 하고, 누구는 믿을 수 없는 거짓말로 먹고 사는 저질 놈이라는 평가를 들려주기도 하였다. 이런 부정의 소리를 들으면, 그 인간을 내리 까는 감정의 경계를 세우기 마련이다.

필자도 그로부터 해가 되는 불순을 두세 차례 겪은 적이 있다. 그렇지만 옛정을 생각해서 보고 싶다는 끈질긴 연락을 오늘에야 비로소 응해 줬다. 몇 해 만에 보는 얼굴인지 기억에 없다.

사전에 동반을 요청한 또 한 친구 세 사람이 만난 시간은, 일기 쾌청한 시월 중순 주말 오전 11시였다. 우리는 곧바로 오리전문 식당으로 들어가 식탁을 잡고 마주 앉았다. 필자가 수시로 드나드는 식당주인은, 세 사람 모두가 아는 초등시절의 동무이며, 교회친구이기도 하다.

필자는 그와 이런저런 얘기를 나누면서 그동안의 오

해를 잠정적으로 일부 씻어냈다. 가장의 책임을 등한시하면서 일정한 거처 없이 떠돌며 남에게 피해를 끼친다는 과거 행적의 한숨을 덜어냈다. 그도 그럴 것이 주거지를 물을 때마다, 빌어먹을 다른 말로 피해 가니 신뢰를 둘 수 없었던 것이다. 아직도 그의 정체가 불분명한 중대 이유 중 하나이다.

그동안 전화상으로만 들은 그의 단편 말 전체를 엮어 추스른 대략의 취함은, 파주 민통선 안에서 농사를 짓고 있다는 것이다. 언젠가 통화에서는 영등포쪽방에서 산다는 소식을 들려준 적도 있다. 이 말의 신비성은, 어느 날 영등포시장 앞을 경유하는 버스차장 밖에서의 우연한 목격으로 얼마간 해소는 됐다. 복장 새가 저마다 다른 행인들과 섞여서 보도를 따라 걷는 그는, 뭘 놓고 온 것을 찾겠다는 몸짓의 사람처럼 돌연 방향을 되돌렸다. 그 과정을 도리 없이 눈여겨보게 된 그의 인상착의는 평범했다. 오늘에야 비로소 받아본 명함에 따르면 영농조합법인 대표이사이다.

우리는 그의 검은 승용차로 옛 추억이 어린 몇 곳을 다니면서 초등시절을 되새겼다.

반 곱슬머리인 그는 일찌감치 꾸린 가정이 있다. 멀어진 세월 저편 어느 날에 한 차례 방문했던 한 칸의 방에서 지내는 그의 포동포동 아내가 젖먹이 아들을 안고 있었다. 그 몇 년 후, 제3한강교(한남대교) 남단 초입 지 건설 붐이 한창 일고 있는 신사동 중장비차량

몇 대가 세워져있는 울타리 안 경내에서 만난 적이 있었다. 그곳에서 혼자 먹고 자는 그가 중장비기사 일을 하다, 검지가 잘린 장애인임을 그날 처음 알았다. 그런데 웬일인지 가족이야기는 전혀 입에 담지 않고, 대전에서 잘 지내고 있다는 빗면의 말만 되풀이 할 뿐이었다. 해서, 남편 역할을 제대로 이행 못해 아내로부터 이혼을 당했거나, 또는 별거 중일 거라는 나름의 추측성으로 이해를 도모했다.

그는 살기 위해 여러 방면의 직업을 전전했을 것으로 짐작한다. 천애고아로써 인맥도 돈도 없어 많은 고생을 했을 것으로 상상된다.

필자는 종로 계동 한옥에서 셋방살이를 한 적이 있었다. 그 집에서 시인으로 등단했다. 그러나 꿀과 젖이 흐르는 역동의 광대몰입은커녕, 생계에 전혀 도움이 되지 않는 빛깔 좋은 개살구일 뿐이었다. 월세가 밀리면서 보증금을 까먹기 시작했다. 그 아슬아슬한 위기를 면하려, 지금은 곁을 떠나 영영 볼 수 없게 된 그 친구 소개로 알게 된-일대 개발을 앞둔 공항동 빈집으로 주거를 옮겼다. 집세지출 없이 공공요금만 해결하며 되는, 이층 연와 집이었다.

그 아래 일층에 바로 이 친구가 들어와 살게 되었다. 그는 모습을 드러낸 그 첫날에 일주일만 신세진다고 떠벌린 것과 딴판하게 몇 개월을 살았다. 때로는 정체 모를 이상한 사람들을 여럿 데리고 와서, 밤새 술판을 벌이기도 하였다. 필자는 실 거주자가 모두 부담해야 하는 공공요금 건은 나눠서 내야 한다는 말을 성질을 담아 전했다. 그렇지만 들은 척도 않고 무관심으로 넘긴 그는, 한술 더 떠 자신의 이동전화기 요금과 쌀 사와라, 반찬 얻어오라는 양아치 행패만을 부렸다. 괘씸했다. 급기야 당장 사라지라는 격앙의 목청을 터트리고 말았다.

인간 이하인 당신에게 고함!

 당신, 정상적인 이성을 지녔을 때 이야기하려 했는데, 당신은 당신의 후렴구 얘기만 거듭하므로 말이 통하지 않음.
 당신이 인터넷 여기저기서 주워 모은 쓰레기원고(저작권위반에 해당) 피를 말리는 장장의 시간을 바쳐 정리를 마치고(수작업·맞춤법·교열·교정 등) 완성한(A4-342p) 분량의 책을 당신에게 전달했습니다. 난, 사업상 당신에게 출판비용을 의당 받은 것입니다(500만원, 지연 비30만원. 총530만원, 세무서영수증발행).
 그런데 당신은 며칠 후, 입이 있어 말을 하고 들을 수 있는 두 귀로 누구로부터 부정적 얘기를 들었는지 모르겠지만, 아님 악의에 찬 베거리(꾀를 써서 남의 속마음을 떠보는 것)로 끄집어 올린 말일 수 있겠지만? 당신은 책 전반을 나쁜 방향의 바람으로 널리 퍼트리겠다는 악질엄포(갑질)를 사정없이 공언했습니다. 자신의 악함을 대놓고 선전하는 양아치보다 더 못한 인격부실의 악랄(비용일부 되돌려 받겠다는)성을 드러냈습니다. 이에 내가 느낀 포괄적 감정은 '평소의 동정 어린 위엄의 겉보기와 딴판하게 이토록 인격이 부실했다니...어떻게 지성인이라는 사람이 이토록 구질구질할까?'이었습니다. 아무

튼 이번의 물리적 다툼으로 시들방귀(시들한 사물을 우습게 여기는 말)를 그대로 노출한 당신의 인간(온전치 못한 썩은 정신)성 되돌아보는 계기는 되었습니다.

  난 취침에 들을 시 전화기를 꺼두는 데, 아침잠에서 깸과 동시에 전화기를 열면서 그 사이에 당신이 보낸 문자를 봤습니다. '왜 숨나? 피한다고 환불 문제건 해결되는 거 아닐 텐데...'

  기분이 몹시 상했습니다. 난 비아냥거림으로 사실상 사기꾼으로 몰아붙인-경우에 합당하지 않는-이따위 지딱지딱(함부로 자꾸 들부수어 못쓰게 만드는 모양)한 성질머리를 담은 그 문자에 격분을 참을 수 없었습니다. 이는 남자의 위대한 지위를 스스로 깎아 먹는 옹춘마니(마음이 좁고 오그라진 사람) 체신의 문제로, 그래서 불안정하게 떨리는 심장의 엄지로 '당신 죽지 않았어? 악마야, 비겁하게 살지 마시오.' 깜짝 놀랄 굉장한 욕설 하단에 당신과의 관계 완전히 청산하겠다는 문자답변을 남기고, 이후 당신의 전화번호를 당장 차단하는 조치를 강행했습니다. 당신이 나의 자존심을 비하로 긁지 않았더라면...한마디로 말 같지 않는 횡설수설만 늘어놓는 하질수준 귀찮아서 단행한 것임.

  당신이 출판의 기본도 갖추지 못했다는 몇 차례 내뱉은 신랄한 비판은 장래 대비 차원에서 겸허히 수용은 하겠으나, 끝으로 당신이 신사적이라면 타협의 여지는 남겨 두겠습니다.

『삶의 철학적 인간학』은 표지 색상 및 약력(실은 '약력을 넣지 말자'했음)을 싣는 것까지는 가능하나, 이미 정품으로 출간된 판형(페이지 늘리더라도)을 줄여 다시 제작하겠다면, 비용추가 불가피함을 알려드립니다. 난 이에 앞서 지난 목요일(3/7일) 긴 통화 시 전부터 시간되는 대로 앞서 낸 소책 재작업을 시작하려 했는데, 지출한 돈에 발이 저린 당신은 좋지 못한, 가슴 터진 조롱의 흥분으로 환불 요청을 거듭했음.
  여기서 답변은 상거래 적으로 맞지 않음을 올립니다. 하지만 그 경로는 다른 출판사를 통해 해결을 봐야 할 것입니다. 당신 같이 사사건건 다툼 소지가 다분한, 손에 쥘 수 없는 가시의 성질로는, 내 신앙의 양심상 덩달아 사나워질 수 있다는 판단 하에 출판사폐업 절차 마쳤으니까요. 당신의 답변 한 번 더 받아 본 후, 당신의 전자메일도 스팸으로 처리될 겁니다. 앞전 말과 같지만 난, 당신이 타협적 정신으로 임한다면 기꺼이 가슴을 열어두고 무슨 말이든 응대하겠지만, 솔직히 더는 상종하고 싶지 않네요. 벌레 씹듯 했던 전례 바탕에서라면 더는 엮이고 싶지 않네요. 관계 좋았던 시절이 심각한 절망적이라 할만치 파괴된 오늘로써 우리의 연은 끝났습니다. 나이 적으로 아래인 사람으로부터 나이대접을 받으려면 인간성 부실부터 튼실하게 가꾸시기를 경고합니다. 초등학생들도 해를 끼치는 어른이라면 존대 보다 나쁜 사람이라며 욕부터 하지요.

대지가 나를 받아 준다면

 삶의 혼란과 그 비참으로부터 자기 자신을 구하려는 의식은, 궁극적인 제시보다 공무 중 부상에 가깝다 할 수 있다. 이 안에서 모든 생물들은 죽고 사는 영광을 누린다.

 숨을 거둔 자는-더 이상 호흡을 내쉬지 못하는 시신은, 자신으로써 할 수 있는 게 아무것도 없다. 자신의 죽음을 애도할 수 없을 뿐만 아니라, 그 사후처리 수고에도 손가락 하나 댈 수 없다. 살아서 움직이는 누군가에게 전적으로 맡기는 도리밖에 없다.

 생을 마친 죽음은, 인지능력도 함께 사라졌다는 의미를 지니고 있다. 이쯤 되면 왠지 씁쓸한 허무감이 밀려든다. 직업정신 없이 돈이 될 성 싶은 제품 하나를 놓고, 사실보다 소문으로 떠도는 괴담(怪談)에 급격하게 쏠려드는 샤머니즘적 광기(狂氣)의 바람 속에서 어떻게든 살아보려, 시장잡배들의 온갖 모욕을 흘려 듣는 한편으로 그 불확실한 위태의 절박에 쫓기는 일상의 불안정을 달래는 활력의 긍정적인 사고를 부단히 쌓은-열심을 다 받쳐 가족을 일으켜 세웠는데, 고작 불길한 죽음과의 마주라니...! 세상과의 모든 인연을 끊어야만 하는 단절이라니...! 이처럼 허무하게 당하다니...! 너무나도 억울하다.

그러나 어쩌랴. 모든 생물에게는 이유 불문하고, 벌거숭이 유아(乳兒)에서 왔다, 빈손의 무아(無我)로 끝을 보는-본질의 흙으로 돌아가는 종말이 주어져있으니...

지난주에 관계 깊은 초등학교동창 빙모 상에 갔다 왔다. 100세 가까운 일기를 마치신 대 할머니이시다. 상주명단에 오른 아들-며느리-딸-사위-손 등의 수 굉장하다. 영정사진이 모셔진 빈소에 설 때마다 매번 똑같이 피어오르는 감성이지만, 그 앞에서 고인추모의 고유예절인 흰 국화송이 바칠 때면, 절로 공손한 숙연에 잠겨든다.

인생살이에서 피할 수 없는 게 죽음이다. 삶의 여정을 다 마친 죽음은, 기쁨의 환영으로 전송하는 대상이기보다, 눈물을 자아내는 슬픔이다.

그러나 죽음은 유족들의 눈물주머니를 터트리는-심경을 찢는 고통의 아픔만이 상존하는 것이 아니다. 누구에게는 차도가 전혀 없는 난치(難治) 병마에서 해방을 맞는 마침내 기회일 수 있고, 누구에게는 피골 쌈을 쏟아 바쳐도 좀처럼 피천 삶이 펴지지 않는 질고를 벗는 반가운 날이기도 하다.

저마다 입장이 다른 시선으로 바라보는, 간단해 보이지만 그 속으로 여러 사연으로 복잡하게 얽힌 사망 건 문제는, 유족들이 얼마나 이해로 헤아려 주느냐는 여부에 따라 집안 분위기가 크게 달라진다는 점이다. 개인의 태평한 견해로는 어떤 모양의 죽음이든, 그 사람에게 주어진 시간은 '거기까지였다오!' 무던함으로 받아들였을 때, 비로소 무거운 상실감을 떨쳐낼 수 있다는 일견이다.

간혹, 망인을 이대로 보낼 수 없다며 운구 되는 관을 애끓게 붙들고 놓지 않는 유족들을 보게 된다. 미련은 절대 빼앗기지 않겠다는 악착의 고집이다. 한 걸음 더 들어가서, 이는 고인을 추모하는 애도와는 전혀 무관하다는 뜻이다. 생리적 유발이 아니라, 결속으로 맺어진 혈육의 관계에서 알게 모르게 형성된 인정(人情)의 좌우 문제이다.

만남에는 이별이 전제되어 있다. 유한의 피조물들에 차별 없이 똑같이 부여된 결집이다.

인덕이 높았던 고인의 빈소 앞에서 추모인들 간에 주고받는 대세의 말은 감사했다는 칭찬이 주류일 터이고, 법을 집행하는 검사관을 불러들여 사인의 원인을 규명토록 한, 즉 미필적 고의로 남의 생명을 함부로 빼앗아 사회공포를 야기한 살인범의 빈소에서는, 지옥에서 더 고생하라는 저주의 악담이 주를 이룰 것이다. 전자의 경우 좋은 죽음이라 할 수 있고, 후자의 경우는 나쁜 죽음에 해당된다.

소나무 아래에 묻히는 수목 장을 원하는 필자는, ***'그래, 나는 누구에게나 부끄럽지 않기를 바랐다. 그러나 육신을 입은 사람이 얼마나 한 점의 티 없이 살 수 있***

었겠나. 라는 유언장을 잠정 정한 상태다.

그렇지만 필자는, 많은 나이 무색하게 아직도 피가 끓도록 체력이 왕성하여 죽음에 대한 대비를 전혀 않고 있다. 그러나 필자 역시도 그 언젠가 모든 생명들처럼, 소리를 들을 수 없이 막힌 귀, 아무것도 볼 수 없이 두 눈 꼭 감은 칠흑의 죽음 앞에 서게 될 날 필시 맞게 될 것이다.

이후, 누가 나의 싸늘해진 시신을 사계절 기후를 겪지 않아도 되는 안식세계로 평안히 들여보내 줄까? 정해진 그 대상 아직은 없으나, 돈만 요구하는 장사치에게 나의 장례가 맡겨진다면, 난 죽음의 눈도 감지 못하고 혼령으로 떠돌 것이다. 금전만을 갈구하는 그들은, 돈이 아니면 추모 장을 흐리는 취기의 쌍욕을 마구 내뱉기 때문이다. 평소 누구와도 금전 문제로 의(義)가 갈리는 비도덕 한 행태를 낳지 말아야 할 포진이다.

아무튼, 그럼에도 불구하고 현재 밟고 있는 발밑의 대지가 나를 받아 준다면, 필자는 그것만으로도 족하다 할 것이다.

과거 친구

프로그램 중간 광고 시간은 15초, 그 네 번을 시청하면 1분, 그 1분이 60 수에 이르면 1시간, 그 1시간이 24 수에 이르면 하루.

덧없이 흐르는 시간. 두어 달 전에 뽑아 거둔 뜰의 풀 자리. 그 이모(耳牟)작 후생 초도 어느덧 미취학 아이들의 키만큼이나 훌쩍 자라, 무더위 강도 0·5° 쯤 낮춘 미풍에 살랑살랑 흔들리며 있다.

7년여를 한 지붕 아래서 한 솥밥을 먹으며, 한 이불을 덮고, 초등학교 전반도 함께 다닌 안성주의 죽음은, 몇 개월 지난 후 알게 되었다. 카톡으로 문자를 보내도 도무지 답변이 없어, 어느 날 전화를 걸었더니 없는 번호라는 기계적 답변만이 돌아왔다.

그 궁금증에 누구의 연락을 받았는지, 지난 달 유월 중순에 처음으로 동창 중식모임에 끼어 식사하는 지종구에게, 안성주에 대한 근황을 묻다 알게 되었다. 지종구만이 과거 동료였던 안성주와 연락을 주고받는 연줄을 맺어두고 있었다. 필자와는 약 40년 전에 신촌재래시장에서 저렴한 식사를 대접 받은 이후, 교류가 뚝 끊겨 존재에서 지워진지 오래다.

무소식이 희소식이라고, 그 성주가 어느 날 전화를

걸어왔다. 몸 상태가 좋지 않아 언제 죽을지 모른다는 그 마지막 시간을 앞두고, 두 살 위 누나를 찾아달라는 내용이었다. 힌트는, 상명을 알려 주지 않아 소재 파악이 전무한 강남구 부동산사무실이었다. 그의 요청은 그야말로 한강 모래판에서 바늘 찾기 식이라 대단히 황망했다. 힌트를 잡아보려 일부러 찾은 경찰서민원실에서의 상담도 전혀 도움이 안 되었다. 할 수 없이 찾을 길이 막막하다는 연락을 최종 보내고, 이 문제 건은 잠정 접어뒀다. 이후, 안성주는 필자의 전화를 일체 받지 않았다. 예전의 담벼락 차단으로 되돌아간 것이었다. 그럼에도 필자는 안성주의 전화번호를 남겨두고, 그토록 답변 없는 안부의 문자만을 거의 매일 띄우다시피 했다.

  무 존재 부모의 한 피를 나눠 받은 형제간에 어떤 격분의 감정으로 사이가 틀어졌는지 알 도리 없으나, 안성주는 어느 날, 친누나와의 혈육관계를 모두 끊는다는 선언을 혈기왕성한 목청으로 냅다 내던지고 군에 입대를 했다. 그의 일방적인 의절로, 행방 모르는 그 부모의 한 피를 나눠 받은 누나-동생은 서로의 소식을 모르고 각자도색으로 살아가게 되었다. 안성주는 이름까지 이헌으로 개명했다.

  처가 쪽 친척이 운영하는 미사리 전기장판 제조업체에서 근무하는 한편으로, 집 근처 신촌에서 노래방을 경영했던 안성주는, 위암수술 들어가기 20여 년 전에 내용 모를 유언장을 미리 작성해뒀다.

그의 어렸을 적의 주요 행습은, 세수를 할 적마다 꼭 얼굴을 좌측으로 휙휙 젖히는 동시에, 그 양은대야 안의 물을 좌우로 튕기는 요란 성 습관과, 한 겨울에 나무판썰매로 실개천 얼음판을 누볐던-남들은 꿈도 꿀 수 없는 금속 재질 스케이트를 한 장소에서 탔었다는 것이다. 개인 간에는 기억력이 뛰어난 필자에게 이 날짜 요일이 오면 꼭 알려달라는 애원을 했었다는 것이다. 또 한 가지 기억은, 신촌에서 만난 이후 다른 한 날에 전기장판을 직접 준 적이 있었다. 40년 전의 그 전기장판 아직도 쓰고 있다.

안성주가 그림을 잘 그렸다는 정보는, 초등시절 전체를 한 울타리 한 지붕 아래에서 줄곧 지낸 필자는 전혀 알지를 못했었다. 그 정보를 뒤늦게 들려준 사람은, 이따금씩 만나는 추억의 동창 몇몇이었다.

때는 무더위가 한창 기세를 떨치는 7월 하순이다. 그 뜨거운 태양열을 그늘로 가려주는 베란다 통유리 밖 대추나무 열매들이 나날이 아름아름 굵어가는 철이다. 무엇에든 쫓기지 않아 한가하기 그지없는 조용한 오후이다. 현재 아닌 세월 저편 철부지시절 동안에만 친구요 동료였던, 그 인상착의 기억이 가물가물 흐린 안성주을 그려보며 지난날들의 삶을 돌아본다.

삶이란 선택의 사활이다. 성공의 꿈인 물질적 욕망만을 위해 급급 떠는 사람의 심기는, 편안할 날 없이 매일이 전쟁이다. 그 앞뒤 잃은 지그재그의 행적에서 남는 것은, 샘 마른 허무한 공허일 뿐이다.

아무 해, 아무 달, 아무 날에 아내와 자녀들이 차마 외면은 할 수 없는-마지못한 성의 결핍을 담은 홀대를 받으며 이생을 달리한 고아 출신의 노인이여, 흡연은 물론이고, 술도 못한 그대에게 술잔을 권한다면 받아 마시겠는가? 그래, 숨결 멈춘 망인들만이 모여 사는 그곳 생활 어떠하던가? 위암수술을 마친 이후부터, 아내와 자녀들 간에도 마찰이 심해-별거나 다를 바 없이 독수공방을 했던 성향대로 편리하던가? 그대가 남긴 발자취에 빗댄다면, 서로 간 대화 없이 지내는 그곳 생활 무척이나 평안할 것 같은데...?

시간이 정지되어 날이 새거나 저무는 일이 없어, 쬘 수 없는 태양 빛처럼 빗소리를 듣거나, 어떤 사물도 볼 수 없다는 캄캄 사벽의 그 흙냄새, 세상에서는 손님을 맞을 리도, 유일한 핏줄인 누나를 찾겠다는 희망도 걸 수 없게 된 그곳 무지각 세상. 내 가보지 못해 먼저 자리를 잡고 누운 자네기에 묻는 걸세. 언제든 볼 수 있겠다는 기대의 끈이 그나마 살아있던 이 땅에서 쌓은 친분이 아니겠는가. 편지나 주문한 물건을 받는 소소한 기쁨도 있을 리 만무한 것처럼, 인생의 지나한 고통도 겪지 않겠지?

때가 되면 시장기 해소하려 식사를 해야만 하는 생존의 사람들처럼, 숨결을 내쉬는 생명체가 아닌 불귀의

객인 망인에게 이보다 불필요한 말이 어디 있을까마는, 그럼에도 내심 부러운 한편은 먹을거리와 몸 가리는 의복 따위 마련을 위한 수고의 땀을 더는 흘리지 않아도 된다는 편의일세.

  그 행적의 과정에서 죽이고 싶도록 안달이 한껏 달아오른 원수의 이를 가는 다툼을 벌이지 않아도 된다는 평심. 내키지 않아 성가시기 그지없는 약속을 지키려 발품을 바동바동 굴리지 않아도 될 뿐만 아니라, 우리가 오월의 아카시아 흰 꽃송이를 아삭아삭 씹으며, 그 꿀맛 도는 혀로 재잘재잘 떠들었던 어린 시절의 즐거움도 까맣게 잊은 채로 지내겠지.

  아차! 자네가 퇴소한 외지인으로써 마음대로 드나들 수 없게 된 보육원 주변을 맴돌던 어느 날, 모든 원생들도 익히 아는 산마루 고개 우측 양지 바른 묘지(난탑장=卵塔場) 석 제상 위에서, 주린 배 움켜쥐고 하룻밤을 잤다는 말을 들려준 적이 있는 친구여, 부디 편히 쉬게나.

후기

그런데 나는 대체 누구일까? 문설주에 기댄 채 내리쪼이는 햇빛의 냄새를 맡는 고유의 작가?

   한가하게 조용한 오후. 나는 창밖을 내다본다. 공기 냄새를 맡으며 구름이 떠가는 하늘을 올려다본다. 눈앞에 산 나뭇잎들 실낱같은 가벼운 미풍에 살랑살랑 흔들린다. 별개의 작은 생물들로 이루어진 환희 세상, 중류로 걸러진 깊은 시간.
   문득, 인의 적 행위가 실린 소음은 증발하나, 자신만의 내면의 소리를 듣는 혼자는 오그라드는 외로운 존재가 아니라, 사물을 관조하는 시야가 보다 선명해짐을 알게 된다. 그러므로 싸울 대상인 쇄기 모양의 팽팽한 긴장을 멀리 둔 지금 이 시간이 최적의 자신이다. 라는 생각을 떠올린다. 이 기분에 흠뻑 젖은 내부, 나를 존중하는 인권이 높아짐을 실감한다.
   자신의 관찰력으로 사물들의 베일을 원고지에 옮기는 글쓰기 작업은 표현의 자유로서 예술의 본질에 속한다. 끊임없이 단어를 생성해내는 그 바탕에는 최고의 문장으로 최고의 아름다움을 창조해내는 최고의 흥분과 보람이 있다. 남성다운 문장으로 '노력에 습관을 들이는 자는 성공의 용인을 만든다.'

사람들은 각기 다른 말들을 끌어내면서 존재를 부각한다. 사색이 깊은 문장은 독립적인 작가의 고독의 용암물이다. 책은 문장에 문장의 이음이다. 책은 내용을 떠나 저자의 신체 삶에 적합해야 한다는 견해를 가지고 있다. 이에 반해 결핍은 영양분을 공급하는 신경이 끊긴 건과 다를 바 없다. 글을 쓴다는 행위는 책을 읽어줄 독자와 은밀한 교류를 나누는 가치를 담고 있다.

  중요한 것은 오직 나만을 위한 글을 써야 심신이 편해진다는 점이다. 습관은 훈련이다. 필자의 경우에는 산만함은 기분이 지저분해진다는 사건을 갖고 있다. 그러나 목표에 돌진하면 인대가 느슨하게 풀리는 것을 깨닫게 된다.

  아무리 하잖다 할지라도, 평범한 주제라 할지라도, 자신을 심는 일에 망설이지 말고 다양한 종류의 글을 써볼 것을 권장한다. 열정은 나의 나를 뛰어넘는 나의 도전이다.

  사람의 일상은 늘 일편하지 않다. 환경적 기복이 있다. 필자를 우울감에 빠져들게 하는 원인은, 사람들의 흥미를 유발시키지 못한다는 점이다. 쉽지 않은 게 현실이다. 나이 많은 필자는 아직도 현역작가로 삶을 지키고 있다. 한물간 작가가 아니라는 뜻이다.

  필자는 태생적으로 똑똑함과는 거리가 먼 사람이다. 그러나 딱 한가지만은 받고 싶다. 정신력보다 칭찬 한 마디가 부족을 채워준다.

다른 외부 일들로 중도에 몇 차례 중단을 거듭거듭 하긴 하였으나, 형태를 그러모으려 장시간을 걸친 산문이다. 작업부담을 덜어주겠다는 의도보다 다음 작품 설계의 착수에 앞서 힘의 비축이 필요했기 때문이다.

그는 돋는 아침 해이어라. 구름 없는 해사한 하늘 빛 아름답다 선언하며 땅의 사람들로 하여금 수확을 앞둔 곡물 둘러보게 하누나. 그 땅의 생산 덕에 들녘은 더더욱 풍요해지고, 파장이 긴 빛의 산란에 누렇게 여문 숲 물결, 서로를 보듬는 섬김으로 비벼대는구나.

더 나은 삶의 자유를 그리는 어떤 장소든, 그날 하루를 기념할만한 순간은 있기 마련. 쉽사리 꺾일 것 같은 가녀린 몸매이나, 심지가 굳은 용골이 돋보이는 그 누구 아무도 모르는 그늘골짝에서 야곱의 사다리 오르는 꿈을 꾸고 있다.

금천구 서재에서
2024년 10월

발행일/2024/10/30

지은이/김성호

펴낸이/김성호

편집/교정/성미출판사

펴낸 곳/성미출판사

출판등록/720-93-00159

주소/서울금천구 시흥3동시흥대로6길35-25 2층(203호)

대표전화/02-802-2113(팩스겸용)

전자우편/ sungmobook@naver.com

홈페이지//https;www.haver.com/sungmobook
가격/15500
ISBN/979-11-93864-07-4

저작권법에 의해 보호를 받는 저작물이므로
무단전재와 복재를 금합니다.
잘못된 책은 교환해 드립니다.